SELETA DE ORAÇÕES
(Preces Selectae)

SELETA DE ORAÇÕES

(Preces Selectae)

Organização: Ali Rachad Ghinaim

Dados Internacionais de Catalogação na Publicação (CIP)

Seleta de orações. 2ª edição. São Paulo: Cultor de Livros, 2022.

ISBN: 978-85-5638-248-1

1. Igreja católica – Livros de oração e devoção 2. Orações

CDD-242.8

Índice para catálogo sistemático:
1. Orações : Literatura devocional 242.8

18ª reimpressão
2025

Cultor de Livros - Editora
Av. Prof. Alfonso Bovero, 257 - Sumaré
CEP 01254-000 - São Paulo/SP
Tel. (11) 3873.5266
www.cultordelivros.com.br

I. ORAÇÕES BÁSICAS

Sinal da Cruz

Pelo sinal da Santa Cruz, livrai-nos Deus, Nosso Senhor, dos nossos inimigos. Em nome do Pai, e do Filho, e do Espírito Santo. Amém.

Per signum Crucis de inimícis nostris líbera nos, Deus noster.
In nómine Patris, et Fílii, et Spíritus Sancti.
Ámen.

Glória

Glória ao Pai, ao Filho, e ao Espírito Santo. [*Assim*] como era no princípio, agora e sempre, [*por todos os séculos dos séculos*]. Amém.

Glória Patri, et Fílio, et Spirítui Sancto. Sicut erat in princípio, et nunc, et semper, et in sáecula saeculórum. Ámen.

Pai Nosso

Pai nosso que estais nos céus, santificado seja o vosso nome; venha a nós o vosso reino, seja feita a vossa vontade assim na terra como no céu. O pão nosso de cada dia nos dai

Pater noster, qui es in caelis, sanctificétur nomen tuum; advéniat regnum tuum; fiat volúntas tua, sicut in caelo et in terra. Panem nostrum cotidiánum da nobis hódie,

hoje; perdoai-nos as nossas ofensas, assim como nós perdoamos a quem nos tem ofendido, e não nos deixeis cair em tentação, mas livrai-nos do mal. Amém.

et dimítte nobis débita nostra sicut et nos dimíttimus debitóribus nostris. Et ne nos indúcas in tentatiónem, sed líbera nos a malo. Ámen.

Ave Maria

Ave, Maria, cheia de graça, o Senhor é convosco, bendita sois Vós entre as mulheres e bendito é o fruto do vosso ventre, Jesus.
Santa Maria, Mãe de Deus, rogai por nós, pecadores, agora e na hora da nossa morte. Amém.

Ave María, grátia plena, Dóminus tecum; benedícta tu in muliéribus, et benedíctus fructus ventris tui, Iesus.

Sancta María, Mater Dei, ora pro nobis peccatóribus, nunc, et in hora mortis nostrae. Ámen.

Credo I – Símbolo dos Apóstolos

Creio em Deus Pai todo-poderoso, criador do céu e da terra; e em Jesus Cristo, seu único Filho, Nosso Senhor; que foi concebido pelo poder do Espírito Santo; nasceu da Virgem Maria, padeceu sob Pôn-

Credo in Deum Patrem omnipoténtem, Creatórem caeli et terrae. Et in Iesum Christum, Fílium eius únicum, Dóminum nostrum, qui concéptus est de Spíritu Sancto, natus ex María Vírgine, passus sub Póntio

cio Pilatos, foi crucificado, morto e sepultado; desceu à mansão dos mortos; ressuscitou ao terceiro dia; subiu aos céus, está sentado à direita de Deus Pai todo-poderoso, donde há de vir a julgar os vivos e os mortos; creio no Espírito Santo, na santa Igreja Católica, na comunhão dos santos, na remissão dos pecados, na ressurreição da carne, na vida eterna. Amém.

Piláto, crucifíxus, mórtuus, et sepúltus, descéndit ad ínferos, tértia die resurréxit a mórtuis, ascéndit ad caelos, sedet ad déxteram Dei Patris omnipoténtis, inde ventúrus est iudicáre vivos et mórtuos. Credo in Spíritum Sanctum, sanctam Ecclésiam cathólicam, Sanctórum communiónem, remissiónem peccatórum, carnis resurrectiónem, vitam aetérnam. Ámen.

CREDO II – SÍMBOLO NICENO-CONSTANTINOPOLITANO

Creio em um só Deus, Pai todo-poderoso, Criador do céu e da terra, de todas as coisas visíveis e invisíveis.
Creio em um só Senhor, Jesus Cristo, Filho Unigênito de Deus, nascido do Pai antes de todos os séculos: Deus de Deus, Luz da Luz, Deus verdadeiro de Deus verdadeiro; gera-

Credo in unum Deum, Patrem omnipoténtem, factórem caeli et terrae, visibílium ómnium et invisibílium.
Et in unum Dóminum Iesum Christum, Fílium Dei unigénitum, et ex Patre nátum ante ómnia sáecula. Deum de Deo, Lúmen de Lúmine, Deum verum de Deo vero, génitum non

do, não criado, consubstancial ao Pai. Por Ele todas as coisas foram feitas. E por nós, homens, e para nossa salvação, desceu dos céus.

E se encarnou pelo Espírito Santo, no seio da Virgem Maria, e se fez homem.

Também por nós foi crucificado sob Pôncio Pilatos; padeceu e foi sepultado.

Ressuscitou ao terceiro dia, conforme as Escrituras; e subiu aos céus, onde está sentado à direita do Pai.

E de novo há de vir em sua glória, para julgar os vivos e os mortos; e o seu reino não terá fim.

Creio no Espírito Santo, Senhor que dá a vida, e procede do Pai e do Filho.

E com o Pai e o Filho é adorado e glorificado: Ele que falou pelos Profetas.

Creio na Igreja, una, santa, católica e apostólica.

factum, consubstantiálem Patri; per quem ómnia facta sunt.

Qui propter nos hómines et propter nostram salútem descéndit de caelis.

Et incarnátus est de Spíritu Sancto ex María Vírgine, et homo factus est.

Crucifixus étiam pro nobis sub Póntio Piláto, passus et sepúltus est.

Et resurréxit tértia die, secúndum Scriptúras, et ascéndit in caelum, sedet ad déxteram Patris.

Et íterum ventúrus est cum glória, iudicáre vivos et mórtuos, cuius regni non erit finis.

Et in Spirítum Sanctum, Dóminum et vivificántem, qui ex Patre Filióque procédit.

Qui cum Patre et Fílio simul adorátur et conglorificátur: qui locútus est per prophétas.

Et unam, sanctam, cathólicam et apostólicam Ecclésiam.

Professo um só batismo para remissão dos pecados. E espero a ressurreição dos mortos, e a vida do mundo que há de vir. Amém.

Confíteor unum baptísma in remissiónem peccatórum. Et exspécto resurrectiónem mortuórum, et vitam ventúri sáeculi. Ámen.

GLÓRIA A DEUS NAS ALTURAS

Glória a Deus nas alturas, e paz na terra os homens por Ele amados.
Senhor Deus, Rei dos céus, Deus Pai todo-poderoso: nós Vos louvamos, nós Vos bendizemos, nós Vos adoramos, nós Vos glorificamos, nós Vos damos graças, por vossa imensa glória.
Senhor Jesus Cristo, Filho Unigênito, Senhor Deus, Cordeiro de Deus, Filho de Deus Pai: Vós que tirais o pecado do mundo, tende piedade de nós; Vós que tirais o pecado do mundo, acolhei a nossa súplica; Vós que estais à direita do Pai, tende piedade de nós.

Glória in excélsis Deo et in terra pax homínibus bonae voluntátis.
Laudámus te, benedícimus te, adorámus te, glorificámus te, grátias ágimus tibi propter magnam glóriam tuam, Dómine Deus, Rex caeléstis, Deus Pater omnípotens.

Dómine Fili unigénite, Iesu Christe, Dómine Deus, Agnus Dei, Fílius Patris, qui tollis peccáta mundi, miserére nobis; qui tollis peccáta mundi, súscipe deprecatiónem nostram. Qui sedes ad déxteram Patris, miserére nobis.

Só Vós sois o Santo; só Vós, o Senhor; só Vós, o Altíssimo, Jesus Cristo; com o Espírito Santo, na glória de Deus Pai. Amém.

Quóniam tu solus Sanctus, tu solus Dóminus, tu solus Altíssimus, Iesu Christe, cum Sancto Spíritu in glória Dei Patris. Ámen.

SALVE RAINHA

Salve, Rainha, Mãe de misericórdia, vida, doçura, esperança nossa, salve! A Vós bradamos, os degredados filhos de Eva. A Vós suspiramos, gemendo e chorando neste vale de lágrimas.
Eia, pois, advogada nossa, esses vossos olhos misericordiosos a nós volvei, e depois deste desterro mostrai-nos Jesus, bendito fruto do vosso ventre.
Ó clemente, ó piedosa, ó doce sempre Virgem Maria.
V. Rogai por nós, Santa Mãe de Deus.
R. Para que sejamos dignos das promessas de Cristo.

Salve, Regína, mater misericórdiae, vita, dulcédo, et spes nostra, salve. Ad te clamámus éxsules fílii Evae. Ad te suspirámus, geméntes et flentes in hac lacrimárum valle.

Eia, ergo, advocáta nostra, illos tuos misericórdes óculos ad nos convérte. Et Iesum, benedíctum fructum ventris tui, nobis post hoc exsílium osténde.
O clémens, o pía, o dulcis Virgo María.

V. Ora pro nobis, sancta Dei Génitrix.
R. Ut digni efficiámur promissiónibus Christi.

Atos de Fé, Esperança e Caridade

Ato de Fé

Eu creio firmemente que há um só Deus em três Pessoas realmente distintas, Pai, Filho e Espírito Santo; que dá o Céu aos bons e o inferno aos maus para sempre. Creio que o Filho de Deus se fez homem e morreu na Cruz para nos salvar, e que ao terceiro dia ressuscitou. Creio tudo o mais que crê e ensina a Santa Igreja Católica, Apostólica, Romana, porque Deus, verdade infalível, lho revelou. E nesta crença quero viver e morrer.

Deus meus, fírmiter credo Te esse unum Deum in tribus distínctis Persónis, Patre, Fílio et Spíritu Sancto; et Fílium propter nostram salútem incarnátum, passum et mortuum esse, resurrexísse a mortuis, et unicuíque pro méritis retribúere aut práemium in Paradiso aut póenam in Inférno. Haec ceteráque ómnia quae credit et docet Cathólica Ecclésia, credo qui Tu ea revelásti, qui nec ipse falli nec nos fállere potes.

Ato de Esperança

Eu espero, meu Deus, com firme confiança, que pelos merecimentos do meu Senhor Jesus Cristo me dareis a salvação eterna e as graças necessárias

Deus meus, cum sis omnípotens, infiníte miséricors et fidélis, spero Te mihi datúrum, ob mérita Iesu Christi, vitam aetérnam et grátias necessárias

para consegui-la, porque Vós, sumamente bom e poderoso, o haveis prometido a quem observar fielmente os vossos mandamentos, como eu me proponho fazer com o vosso auxílio.

ad eam consequéndam, quam Tu promisísti iis qui bona ópera facient, quemadmódum, Te adiuvánte, fácere constítuo.

ATO DE CARIDADE

Eu Vos amo, meu Deus, de todo o meu coração e sobre todas as coisas, porque sois infinitamente bom e amável, e antes quero perder tudo do que Vos ofender. Por amor de Vós amo o meu próximo como a mim mesmo.

Deus meus, ex toto corde amo Te super ómnia, quia es infínite bonus et infínite amábilis; et ob amórem Tui próximum meum díligo sicut meípsum, eíque, si quid in me offéndit, ignósco.

Atos de Contrição

Eu, pecador

Eu, pecador, me confesso a Deus todo-poderoso, à Bem-aventurada sempre Virgem Maria, ao Bem-aventurado São Miguel Arcanjo, ao Bem-aventurado São João Batista, aos santos Apóstolos São Pedro e São Paulo, a todos os Santos, e a vós, irmãos, porque pequei muitas vezes por pensamentos, palavras e obras, por minha culpa, minha máxima culpa.
Portanto, peço à Bem-aventurada sempre Virgem Maria, ao Bem-aventurado São Miguel Arcanjo, ao Bem-aventurado São João Batista, aos santos Apóstolos São Pedro e São Paulo, a todos os Santos, e a vós, irmãos, que rogueis por mim a Deus Nosso Senhor.
Amém.

Confíteor Deo omnipoténti, beátae Maríae semper Vírgini, beáto Michaéli Archángelo, beáto Ioánni Baptístae, sanctis Apóstolis Petro et Paulo, et ómnibus Sanctis, et vobis, fra-fratres, quia peccávi nimis cogitatióne, verbo et ópere: mea culpa, mea culpa, mea máxima culpa.
Ídeo précor beátam Maríam semper Vírginem, beátum Michaélem Archángelum, beátum Ioánnem Baptístam, sanctos Apóstolos Petrum et Paulum, omnes Sanctos, et vos, fratres, oráre pro me ad Dóminum Deum nostrum. Ámen.

Confesso a Deus todo-poderoso

Confesso a Deus todo-poderoso e a vós, irmãos e irmãs, que pequei muitas vezes por pensamentos e palavras, atos e omissões, por minha culpa, minha tão grande culpa. E peço à Virgem Maria, aos Anjos e Santos, e a vós, irmãos e irmãs, que rogueis por mim a Deus, Nosso Senhor. Amém.

Confíteor Deo omnípotenti et vobis, fratres, quia peccávi nimis cogitatióne, verbo, ópere et omissióne; mea culpa, mea culpa, mea máxima culpa. Ídeo precor Maríam semper Vírginem, omnes Ángelos et Sanctos, et vos, frátes, oráre pro me ad Dóminum Deum nostrum. Ámen.

Ato de Contrição

Senhor meu Jesus Cristo, Deus e homem verdadeiro, Criador e Redentor meu, por serdes Vós quem sois, sumamente bom e digno de ser amado sobre todas as coisas, e porque Vos amo e estimo, pesa-me, Senhor, de todo o meu coração, de Vos ter ofendido; pesa-me, também, de ter perdido o Céu e merecido o Inferno; e proponho-me firmemente, ajudado com o auxílio da vossa divina graça, emendar-me e nunca mais Vos tornar a ofender. Espero alcançar o perdão de minhas culpas pela vossa infinita misericórdia. Amém.

II. ORAÇÕES PARA AS DIVERSAS ETAPAS DO DIA

Orações da Manhã

Oferecimento do dia

Senhor Deus, Rei do céu e da terra, dirige, santifica, conduz e governa, neste dia, nossos corações e nossos corpos, nossos sentimentos, palavras e ações, a fim de que, submissos à tua lei e agindo conforme os teus preceitos, mereçamos, por teu auxílio, ser salvos e livres nesta vida e na eternidade, ó Salvador do mundo, que vives e reinas pelos séculos dos séculos.
Amém.

Dirígere et sanctificáre, régere et gubernáre dignáre, Dómine Deus, Rex caeli et terrae, hódie corda et córpora nostra, sensus, sermónes et actus nostros in lege tua et in opéribus mandatórum tuórum; ut hic et in aetérnum, te auxiliánte, salvi et líberi esse mereámur, Salvátor mundi: Qui vivis et regnas in sáecula saeculórum.
Ámen.

Oferecimento de obras

Nós Vos rogamos, Senhor, que prepareis as nossas ações com a vossa inspiração, e as acompanheis com a vossa ajuda, a fim

Actiónes nostras, quáesumus Dómine, aspirándo práeveni et adiuvándo proséquere: ut cunta nostra orátio et operátio a te sem-

de que todos os nossos trabalhos e orações em Vós comecem sempre e convosco acabem. Por Cristo, Senhor Nosso. Amém.

per incípiat et per te coepta finiátur. Per Christum Dóminum nostrum. Ámen.

À Santíssima Virgem

Ó Senhora minha, ó minha Mãe! Eu me ofereço todo a Vós, e, em prova da minha devoção para convosco, Vos consagro neste dia meus olhos, meus ouvidos, minha boca, meu coração e inteiramente todo o meu ser. E como assim sou vosso, ó boa Mãe, guardai-me e defendei-me como coisa e propriedade vossa.
Amém.

O Dómina mea! O Mater mea! Tibi me totum óffero, atque, ut me tibi probem devótum, cónsecro tibi hódie óculos meos, aures meas, os meum, cor meum, plane me totum. Quóniam ítaque tuus sum, o bona Mater, serva me, defénde me ut rem ac possessiónem tuam.
Ámen.

Ao Anjo da Guarda

Santo Anjo do Senhor, meu zeloso guardador, se a ti me confiou a piedade divina, sempre me rege e guarda, governa e ilumina. Amém.

Ángele Dei, qui custos es mei, me tibi commíssum pietáte supérna illúmina, custódi, rege et gubérna.
Ámen.

Meditação

Antes

Meu Senhor e Meu Deus, creio firmemente que estás aqui, que me vês, que me ouves. Adoro-Te com profunda reverência. Peço-Te perdão dos meus pecados e graça para fazer com fruto este tempo de oração. Minha Mãe Imaculada, São José, meu Pai e Senhor, meu Anjo da Guarda, intercedei por mim.

Depois

Dou-Te graças, Meu Deus, pelos bons propósitos, afetos e inspirações que me comunicaste nesta meditação; peço-Te ajuda para os pôr em prática. Minha Mãe Imaculada, São José, meu Pai e Senhor, meu Anjo da Guarda, intercedei por mim.

Orações do Meio-Dia

O Anjo do Senhor (Ángelus)

(Durante o ano)

As origens do Ángelus encontram-se sem dúvida no costume de recitar três Ave Marias durante o repicar do sino da tarde, que remonta ao século XI: o papa Gregório IX (†1241) ordenou que se tocasse o sino ao anoitecer, por volta das seis horas, para lembrar os cristãos de rezarem pelos cruzados.

V. O Anjo do Senhor anunciou a Maria. R. E Ela concebeu do Espírito Santo.	V. Ángelus Dómini nuntiávit Maríae; R. Et concépit de Spíritu Sancto.

V. Ave, Maria, cheia de graça, o Senhor é convosco, bendita sois Vós entre as mulheres e bendito é o fruto do vosso ventre, Jesus.
R. Santa Maria, Mãe de Deus, rogai por nós, pecadores, agora e na hora da nossa morte. Amém.
V. Eis aqui a escrava do Senhor.
R. Faça-se em mim segundo a vossa palavra.
Ave Maria.
V. E o Verbo de Deus se fez carne.
R. E habitou entre nós.
Ave, Maria.
V. Rogai por nós, Santa Mãe de Deus.
R. Para que sejamos dignos das promessas de Cristo.

Oremos: Infundi, Senhor, nós Vos pedimos, em nossas almas a vossa graça, para que nós, que conhecemos pela Anunciação do Anjo a Encarnação de Je-

V. Ave María, grátia plena, Dóminus tecum. Benedícta tu in muliéribus, et benedíctus fructus ventris tui, Iesus.

R. Sancta María, Mater Dei, ora pro nobis peccatóribus, nunc, et in hora mortis nostrae. Ámen.
V. Ecce ancílla Dómini.

R. Fiat mihi secúndum verbum tuum.
Ave María.
V. Et Verbum caro factum est.
R. Et habitávit in nobis.
Ave María.
V. Ora pro nobis, sancta Dei Génitrix.
R. Ut digni efficiámur promissiónibus Christi.

Orémus: Grátiam tuam, quáesumus, Dómine, méntibus nostris infúnde; ut qui, Ángelo nuntiánte, Christi Fílii tui incarnatiónem cognóvimus, per pas-

sus Cristo, vosso Filho, cheguemos por sua Paixão e sua Cruz à glória da Ressurreição. Pelo mesmo Jesus Cristo, Senhor Nosso.
R. Amém.

siónem éius et crucem, ad resurrectiónis glóriam perducámur. Per eúndem Christum Dóminum nostrum.
R. Ámen.

Rainha do Céu (Regina caeli)
(Tempo Pascal)

V. **R**ainha do céu, alegrai-Vos, aleluia.
R. Porque quem merecestes trazer em vosso seio, aleluia.
V. Ressuscitou como disse, aleluia.
R. Rogai a Deus por nós, aleluia.

V. Exultai e alegrai-Vos, ó Virgem Maria, aleluia.
R. Porque o Senhor ressuscitou verdadeiramente, aleluia.

Oremos: Ó Deus, que Vos dignastes alegrar o mundo com a Ressurreição do vosso Filho Jesus Cristo, Senhor Nosso, concedei-nos, Vos suplicamos, que

V. **R**egína caeli, laetáre, allelúia:
R. Quia quem meruísti portáre, allelúia.

V. Resurréxit sicut dixit, allelúia.
R. Ora pro nobis Deum, allelúia.

V. Gaude et laetáre, Virgo María, allelúia.
R. Quia surréxit Dóminus vere, allelúia.

Orémus: Deus qui per resurrectiónem Fílii tui, Dómini nostri Iesu Christi, mundum laetificáre dignátus es: praesta, quáesumus, ut per eius Genitrícem Vír-

por sua Mãe, a Virgem Maria, alcancemos as alegrias da vida eterna. Pelo mesmo Jesus Cristo, Senhor Nosso. R. Amém.

ginem Maríam, perpétuae capiámus gáudia vitae. Per eúndem Christum Dóminum nostrum.
R. Ámen.

Bênção dos Alimentos

Bênção antes das refeições

Abençoai-nos, Senhor, a nós e a estes dons que da vossa liberalidade recebemos. Por Cristo, Senhor Nosso.
R. Amém

Bénedic, Dómine, nos et haec tua dona quae de tua largitáte sumus sumptúri. Per Christum Dóminum nostrum.
R. Ámen.

Almoço:
V. Que o Rei da eterna glória nos faça participantes da mesa celestial.
R. Amém.

Ante prándium:
V. Mensae caeléstis partícipes faciat nos, Rex aetérnae glóriae.
R. Ámen.

Jantar:
V. Que o Rei da eterna glória nos conduza à Ceia da vida eterna.
R. Amém.

Ante cénam:
V. Ad cénam vitae aetérnae perdúcat nos, Rex aetérnae glóriae.
R. Ámen.

Bênção depois das refeições

Nós Vos damos graças, Deus onipotente, por todos os vossos benefícios,

Ágimus tibi grátias, omnípotens Deus, pro univérsis benefíciis tuis, qui vi-

Vós que viveis e reinais por todos os séculos dos séculos.	vis et regnas in sáecula saeculórum.
R. Amém.	R. Ámen.
V. Que Deus nos dê a sua paz.	V. Deus det nobis suam pacem.
R. E a vida eterna. Amém.	R. Et vitam aetérnam. Ámen.

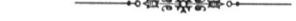

Exame de consciência à noite

Ato de Presença de Deus:

Meu Senhor e meu Deus, creio firmemente que estás aqui, que me vês, que me ouves.

Ou

Meu Deus, dai-me luz para conhecer os pecados que hoje cometi, as suas causas e os meios de os evitar.

Examinar:

Deveres para com Deus

Comecei o dia oferecendo a Deus todos os meus pensamentos, palavras e ações? Fiz algumas outras orações durante o dia: agradecendo, pedindo, oferecendo a Deus o trabalho bem feito, aceitando com fé os sofrimentos e contrariedades, etc.? Procurei viver a fé e cumprir com os preceitos da Igreja? Caí em alguma prática supersticiosa? Fiz alguns pequenos sacrifícios ao comer, ao beber, nas conversas, na guarda da vista pela rua?

Deveres para com o próximo

Tratei os outros com compreensão e paciência? Manifestei-lhes aversão, desprezo ou irritação? Tive inveja? Falei mal da vida alheia, divulgando defeitos ou pecados dos outros? Fui egoísta, pensando só nas atenções que os outros deveriam dar-me, e esquecendo-me de ser prestativo, generoso e dedicado? Admiti sentimentos de ódio, rancor ou vingança? Magoei alguém com brincadeiras e comentários humilhantes? Procurei prestar pequenos serviços aos demais? Fiz o possível por auxiliar os que precisavam de uma ajuda material ou espiritual, sobretudo no trabalho e em casa? Rezei pelos outros e procurei aproximar algum amigo de Deus?

Deveres para comigo

Esforcei-me por melhorar hoje em alguma virtude, especialmente naquelas em que tenho mais dificuldades? Procurei cumprir com perfeição os meus deveres familiares e profissionais, lutando contra a preguiça, o desleixo, a desordem, o adiamento? Evitei pensamentos, palavras ou atos de orgulho, vaidade, preguiça, sensualidade ou avareza? Deixei-me arrastar pela curiosidade sensual e por desejos impuros? Fui insincero?

Convém lembrar sempre que todos os dias temos de:

Glorificar a Deus. Imitar a Jesus Cristo. Invocar a Virgem Santíssima. Implorar a todos os Santos. Salvar a alma. Mortificar o corpo. Adquirir virtudes. Examinar a consciência. Expiar pecados. Evitar o inferno. Ganhar o Paraíso. Preparar a eternidade. Aproveitar o tempo. Edificar o próximo. Preterir o mundo. Combater os demônios. Dominar as paixões. Suportar a morte. Esperar o juízo.

Jaculatórias para a Noite

Dignai-Vos, Senhor, Retribuir com a vida eterna a todos os que nos fazem bem por amor do vosso nome. Amém.

Retribúere dignáre, Dómine, ómnibus nobis bona faciéntibus propter nomen tuum vitam aetérnam. Ámen.

Jesus, Maria e José, dou-Vos o coração e a alma minha.
Jesus, Maria e José, assisti-me na última agonia.
Jesus, Maria e José, expire em paz entre Vós a alma minha.

Iesu, María, Ioseph, vobis cor et ánimam meam dono.
Iesu, María, Ioseph, adstáte mihi in extrémo ágone.
Iesu, María, Ioseph, in pace vobíscum dórmiam et requiéscam.

III. ORAÇÕES A DEUS UNO E TRINO

Símbolo Atanasiano (Quicúmque)

Atribuída a Atanásio de Alexandria († 373), esta oração é um resumo da doutrina cristã centrado no dogma da Santíssima Trindade.

Ant. **G**lória a Vós, Trindade igual, única Divindade, antes de todos os séculos, e agora e sempre (*T.P. Aleluia*).

1. Quem quiser salvar-se deve antes de tudo professar a fé católica.

2. Porque aquele que não a professar integral e inviolavelmente, perecerá sem dúvida por toda a eternidade.

3. A fé católica consiste em adorar um só Deus em três Pessoas e três Pessoas em um só Deus.

4. Sem confundir as Pessoas nem separar a substância.

5. Porque uma só é a Pessoa do Pai, outra a do Filho, outra a do Espírito Santo.

Ant. **G**lória tibi, Trínitas aequális, una Déitas, et ante ómnia sáecula, et nunc, et in perpétuum (*T.P. Allelúia*).

1. Quicúmque vult salvus esse, ante ómnia opus est, ut téneat cathólicam fidem:

2. Quam nisi quisque íntegram inviolatámque serváverit, absque dúbio in aetérnum períbit.

3. Fides autem cathólica haec est: ut unum Deum in Trinitáte, et Trinitátem in unitáte venerémur.

4. Neque confundéntes persónas, neque substántiam separántes.

5. Ália est enim persóna Patris ália Fílii, ália Spíritus Sancti.

6. Mas uma só é a divindade do Pai, e do Filho, e do Espírito Santo, igual a glória, coeterna a majestade.

7. Tal como é o Pai, tal é o Filho, tal é o Espírito Santo.

8. O Pai é incriado, o Filho é incriado, o Espírito Santo é incriado.

9. O Pai é imenso, o Filho é imenso, o Espírito Santo é imenso.

10. O Pai é eterno, o Filho é eterno, o Espírito Santo é eterno.

11. E contudo não são três eternos, mas um só eterno.

12. Assim como não são três incriados, nem três imensos, mas um só incriado e um só imenso.

13. Da mesma maneira, o Pai é onipotente, o Filho é onipotente, o Espírito Santo é onipotente.

6. Sed Patris, et Fílii, et Spíritus Sancti una est divínitas, aequális glória, coaetérna maiéstas.

7. Qualis Pater, talis Fílius, talis Spíritus Sanctus.

8. Increátus Pater, increátus Fílius, increátus Spíritus Sanctus.

9. Imménsus Pater, imménsus Fílius, imménsus Spíritus Sanctus.

10. Aetérnus Pater, aetérnus Fílius, aetérnus Spíritus Sanctus.

11. Et tamen non tres aetérni, sed unus aetérnus.

12. Sicut non tres increáti, nec tres imménsi, sed unus increátus, et unus imménsus.

13. Simíliter omnípotens Pater, omnípotens Fílius, omnípotens Spíritus Sanctus.

14. E contudo não são três onipotentes, mas um só onipotente.

15. Assim, o Pai é Deus, o Filho é Deus, o Espírito Santo é Deus.

16. E contudo não são três deuses, mas um só Deus.

17. Do mesmo modo, o Pai é Senhor, o Filho é Senhor, o Espírito Santo é Senhor.

18. E contudo não são três senhores, mas um só Senhor.

19. Porque, assim como a verdade cristã nos manda confessar que cada uma das Pessoas é Deus e Senhor, do mesmo modo a religião católica nos proíbe dizer que são três deuses ou senhores.

20. O Pai não foi feito, nem gerado, nem criado por ninguém.

14. Et tamen non tres omnipoténtes, sed unus omnípotens.

15. Ita Deus Pater, Deus Fílius, Deus Spíritus Sanctus.

16. Et tamen non tres dii, sed unus est Deus.

17. Ita Dóminus Pater, Dóminus Fílius, Dóminus Spíritus Sanctus.

18. Et tamen non tres Dómini, sed unus est Dóminus.

19. Quia, sicut singillátim unamquámque persónam Deum ac Dóminum confitéri christiana veritáte compéllimur: ita tres Deos aut Dóminos dícere cathólica religióne prohibémur.

20. Pater a nullo est factus: nec creátus, nec génitus.

21. O Filho procede do Pai; não foi feito, nem criado, mas gerado.	21. Fílius a Patre solo est: non factus, nec creátus, sed génitus.
22. O Espírito Santo não foi nem criado, nem gerado, mas procede do Pai e do Filho.	22. Spíritus Sanctus a Patre et Fílio: non factus, nec creátus, nec génitus, sed procédens.
23. Não há, pois, senão um só Pai, e não três Pais; um só Filho, e não três Filhos; um só Espírito Santo, e não três Espíritos Santos.	23. Unus ergo Pater, non tres Patres: unus Fílius, non tres Fílii: unus Spíritus Sanctus, non tres Spíritus Sancti.
24. E nesta Trindade não há nem mais antigo nem menos antigo, nem maior nem menor, mas as três Pessoas são coeternas e iguais entre si.	24. Et in hac Trinitáte nihil prius aut postérius, nihil maius aut minus: sed totae tres persónae coaetérnae sibi sunt et coaequáles.
25. De sorte que, como se disse acima, em tudo se deve adorar a unidade na Trindade e a Trindade na unidade.	25. Ita ut per ómnia, sicut iam supra dictum est, et unitas in Trinitáte, et Trínitas in unitáte veneránda sit.
26. Quem, pois, quiser salvar-se, deve pensar assim a respeito da Trindade.	26. Qui vult ergo salvus esse, ita de Trinitáte séntiat.

27. Mas, para alcançar a salvação, é necessário ainda crer firmemente na Encarnação de Nosso Senhor Jesus Cristo.	27. Sed necessárium est ad aetérnam salútem, ut incarnatiónem quoque Dómini nostri Iesu Christi fidéliter credat.
28. A pureza da nossa fé consiste, pois, em crer ainda e confessar que Nosso Senhor Jesus Cristo, Filho de Deus, é Deus e homem.	28. Est ergo fides recta ut credámus et confiteamur, quia Dóminus noster Iesus Christus, Dei Fílius, Deus et homo est.
29. É Deus, gerado na substância do Pai desde toda a eternidade; é homem porque nasceu, no tempo, da substância da sua Mãe.	29. Deus est ex substántia Patris ante sáecula génitus: et homo est ex substántia matris in sáeculo natus.
30. Deus perfeito e homem perfeito, com alma racional e carne humana.	30. Perféctus Deus, perféctus homo: ex ánima rationáli et humana carne subsístens.
31. Igual ao Pai segundo a divindade; menor que o Pai segundo a humanidade.	31. Aequális Patri secúndum divinitátem: minor Patre secúndum humanitátem.
32. E embora seja Deus e homem, contudo não são dois, mas um só Cristo.	32. Qui licet Deus sit et homo, non duo tamen, sed unus est Christus.

33. É um, não porque a divindade se tenha convertido em humanidade, mas porque Deus assumiu a humanidade.

34. Inteiramente um só, não por confusão de substâncias, mas pela unidade da Pessoa.

35. Porque, assim como a alma racional e o corpo formam um só homem, assim também a divindade e a humanidade formam um só Cristo.

36. Ele sofreu a morte por nossa salvação, desceu aos infernos e ao terceiro dia ressuscitou dos mortos.

37. Subiu aos Céus e está sentado à direita de Deus Pai todo-poderoso, donde há de vir a julgar os vivos e os mortos.

38. E quando vier, todos os homens ressuscitarão com os seus corpos, para prestar contas dos seus atos.

33. Unus autem non conversióne divinitátis in carnem, sed assumptióne humanitátis in Deum.

34. Unus omníno, non confusióne substántiae, sed unitáte persónae.

35. Nam sicut ánima rationális et caro unus est homo: ita Deus et homo unus est Christus.

36. Qui passus est pro salúte nostra: descéndit ad inferos: tértia die resurréxit a mortuis.

37. Ascéndit ad caelos, sedet ad déxteram Dei Patris omnipoténtis: inde ventúrus est iudicáre vivos et mórtuos.

38. Ad cuius advéntum omnes hómines resurgere hábent cum corpóribus suis: et redditúri sunt de factis própriis ratiónem.

39. E os que tiverem praticado o bem irão para a vida eterna, e os maus para o fogo eterno.	39. Et qui bona egérunt, ibunt in vitam aetérnam: qui vero mala, in ignem aetérnum.
40. Esta é a fé católica, e quem não a professar fiel e firmemente não se poderá salvar.	40. Haec est fides cathólica, quam nisi quisque fidéliter firmitérque credíderit, salvus esse non póterit.
V. Glória ao Pai, ao Filho, e ao Espírito Santo. R. Como era no princípio, agora e sempre. Amém.	V. Glória Patri, et Fílio, et Spirítui Sancto. R. Sicut erat in princípio, et nunc, et semper, et in sáecula saeculórum. Ámen.
Ant. Glória a Vós, Trindade Santíssima que sois um só Deus, antes de todos os tempos, agora e para sempre. (*T.P. Aleluia*).	*Ant.* Glória tibi, Trínitas aequális, una Déitas, et ante ómnia sáecula, et nunc, et in perpétuum. (*T.P. Allelúia*).
V. Ouvi, Senhor, a minha oração. R. E chegue a Vós o meu clamor.	V. Dómine, exáudi oratiónem meam. R. Et clamor meus ad te véniat.
Os sacerdotes acrescentam:	*Sacerdos dicit:*
V. O Senhor esteja convosco. R. Ele está no meio de nós.	V. Dóminus vobíscum. R. Et cum spíritu tuo.

Oremos:
Deus onipotente e eterno, que, pela confissão da verdadeira fé, concedestes aos vossos servos a graça de conhecer a glória da Trindade eterna e de adorar a Unidade na sua onipotência; nós Vos suplicamos: fazei com que, pela firmeza dessa mesma fé, sejamos sempre protegidos de toda a adversidade. Por Nosso Senhor Jesus Cristo, vosso Filho, que convosco vive e reina na unidade do Espírito Santo, por todos os séculos dos séculos.
R. Amém.

Orémus:
Omnípotens sempitérne Deus, qui dedísti fámulis tuis, in confessióne verae fídei, aetérnae Trinitáte glóriam agnóscere, et in poténtia maiestátis adoráre unitátem: quáesumus; ut, eiúsdem fídei firmitáte, ab ómnibus sémper muniámur advérsis. Per Dóminum nostrum Iesum Christum Fílium tuum: qui tecum vívit et régnat in unitáte Spíritus Sancti Deus, per ómnia sáecula saeculórum.
R. Amém.

Hino de Ação de Graças (Te Deum)

Hino de louvor e agradecimento composto em latim nos começos do século V e atribuído a Nicetas de Remesiana e a Santo Ambrósio de Milão.

1. A Vós, ó Deus, louvamos; a Vós, Senhor, bendizemos.

2. A Vós, ó eterno Pai, adora toda a terra.

3. A Vós, todos os Anjos, os Céus e todas as Potestades.

4. A Vós, os Querubins e Serafins proclamam com incessantes vozes:

5. Santo, Santo, Santo, sois Vós, Senhor, Deus dos exércitos!

6. Cheios estão os céus e a terra da majestade da vossa glória.

7. A Vós, o glorioso coro dos Apóstolos.

8. A Vós, o louvável número dos Profetas.

---

1. Te Deum laudámus: te Dóminum confitémur.

2. Te aetérnum Patrem omnis terra venerátur.

3. Tibi omnes Ángeli; tibi Caeli et univérsae Potestátes.

4. Tibi Chérubim et Séraphim incessábili voce proclámant:

5. Sanctus, Sanctus, Sanctus, Dóminus Deus Sábaoth.

6. Pléni sunt caeli et terra maiestátis glóriae tuae.

7. Te gloriósus Apostolórum chorus.

8. Te Prophetárum laudábilis númerus.

9. A Vós Vos louva o brilhante exército dos Mártires.	9. Te Martyrum candidátus láudat exércitus.
10. A Vós confessa a Santa Igreja por toda a redondeza da terra.	10. Te per orbem terrárum sancta confitétur Ecclésia.
11. Pai de imensa majestade;	11. Patrem imménsae maiestátis:
12. Ao vosso adorável Filho, verdadeiro e único;	12. Venerándum tuum verum et únicum Fílium;
13. E também ao Espírito Santo Consolador.	13. Sanctum quoque Paráclitum Spirítum.
14. Vós, ó Cristo, sois o Rei da glória.	14. Tu Rex glóriae, Christe.
15. Vós sois o Filho eterno do Pai.	15. Tu Patris sempitérnus es Fílius.
16. Vós, para libertar o homem cuja carne havíeis de tomar, não rejeitastes o seio da Virgem.	16. Tu ad liberándum susceptúrus hóminem, non horruísti Vírginis úterum.
17. Vós, vencido o aguilhão da morte, abristes aos fiéis o Reino dos céus.	17. Tu, devícto mortis acúleo, aperuísti credéntibus regna caelórum.
18. Vós estais sentado à mão direita de Deus, na glória do Pai.	18. Tu ad déxteram Dei sedes, in glória Patris.
19. Cremos que haveis de vir como Juiz.	19. Iudex créderis esse ventúrus.

20. Por isso Vos rogamos: socorrei os vossos servos, que remistes com o vosso precioso Sangue.	20. Te ergo quáesumus, tuis fámulis súbveni: quos pretióso sánguine redemísti.
21. Permiti que sejamos do número dos vossos Santos na glória eterna.	21. Aetérna fac cum sanctis tuis in glória numerári.
22. Salvai, Senhor, o vosso povo, e abençoai a vossa herança.	22. Salvum fac pópulum tuum, Dómine, et bénedic hereditáti tuae.
23. Governai-os e exaltai-os eternamente.	23. Et rege eos, et extólle illos usque in aetérnum.
24. Todos os dias Vos bendizemos.	24. Per síngulos dies benedícimus te.
25. E louvamos sempre o vosso Nome, por todos os séculos dos séculos.	25. Et laudámus nomen tuum in sáeculum, et in sáeculum sáeculi.
26. Dignai-Vos, Senhor, preservar-nos neste dia de todo o pecado.	26. Dignáre, Dómine, die isto sine peccáto nos custodíre.
27. Tende piedade de nós, Senhor; tende piedade de nós.	27. Miserére nostri, Dómine, miserére nostri.
28. Faça-se, Senhor, a vossa misericórdia sobre nós, conforme esperamos em Vós.	28. Fiat misericórdia tua, Dómine, super nos, quemádmodum sperávimus in te.

29. Em Vós, Senhor, esperei; não serei confundido eternamente.

V. Bendito sois, Senhor, Deus de nossos pais.

R. E digno de louvor e glória pelos séculos.

V. Bendigamos o Pai, o Filho e o Espírito Santo.

R. Louvemo-lO e exaltemo-lO para sempre.

V. Senhor, Vós sois bendito no firmamento dos céus.

R. Sois digno de louvor e glória para sempre.

V. Bendiga minha alma ao Senhor.

R. E nunca esqueça os seus muitos benefícios.

V. Ouvi, Senhor, a minha oração.

R. E chegue a Vós o meu clamor.

Os sacerdotes acrescentam:

V. O Senhor esteja convosco.

R. Ele está no meio de nós.

29. In te, Dómine, sperávi: non confúndar in aetérnum.

V. Benedíctus es, Dómine, Deus patrum nostrórum.

R. Et laudábilis, et gloriósus in sáecula.

V. Benedicámus Patrem, et Fílium, cum Sancto Spíritu.

R. Laudémus, et superexaltémus eum in sáecula.

V. Benedíctus es, Dómine, in firmaménto caeli.

R. Et laudábilis, et glóriosus et superexaltátus in sáecula.

V. Bénedic, ánima mea, Dómino.

R. Et noli oblivísci omnes retributiónes eius.

V. Dómine, exáudi oratiónem meam.

R. Et clamor meus ad te véniat.

Sacerdótes addunt:

V. Dóminus vobíscum.

R. Et cum spíritu tuo.

Oremos:
Ó Deus, cuja misericórdia é sem limite e cuja bondade é um tesouro inesgotável, prostrados ante a vossa piíssima Majestade Vos rendemos graças pelos benefícios que nos haveis feito, suplicando sempre a vossa clemência, para que não desampareis nunca aquele a quem concedestes o que Vos pediram, e os disponhais para receberem os prêmios eternos.

Ó Deus, que instruíste os corações dos vossos fiéis com a luz do Espírito Santo, concedei-nos amar, no mesmo Espírito, o que é reto, e gozar sempre a sua consolação. Por Cristo, Senhor Nosso.

Ó Deus, que não permitis que nenhum daqueles que em Vós esperam seja afligido em demasia, mas antes atendeis piedosamente as súplicas; damo-Vos graças por haverdes aceitado os nossos pedidos e dese-

Orémus:
Deus, cuius misericórdiae non est númerus, et bonitátis infinítus est thesáurus; piíssimae Maiestáti tuae pro collátis donis grátias ágimus, tuam semper cleméntiam exorántes; ut, qui peténtibus postuláta concédis, eósdem non déserens, ad práemia futúra dispónas.

Deus, qui corda fidélium Sancti Spíritus illustratióne docuísti: da nobis in eódem Spíritu recta sápere, et de eius semper consolatióne gaudére. Per Christum Dóminum nostrum.

Deus, qui néminem in te sperántem nímium afflígi permíttis, sed pium précibus praestas audítum: pro postulatiónibus nostris, votísque suscéptis grátias ágimus, te piíssime deprecántes; ut a cunctis

jos, suplicamo-Vos piedosissimamente que mereçamos ver-nos livres de toda a adversidade. Por Cristo, Senhor Nosso. Amém.

semper muniámur advérsis. Per Christum Dóminum nostrum. Ámen.

>> ✠ <<

Te Deum

Te Déum laudámus: te Dóminum confitémur. Te ætérnum Pátrem, omnis térra venerátur. Tibi ómnes Ángeli, tibi cæli et univérsæ Potestátes: Tibi Chérubim et Séraphim incessábili vóce proclámant: Sánctus, Sánctus, Sánctus Dóminus Deus Sábaoth. Pléni sunt cæli et térra

ma - ies - tá - tis gló - ri - æ tú - æ. Te glo - ri - ó - sus
A - pos - to - ló - rum chó - rus: Te Pro - phe - tá - rum
lau - dá - bi - lis nú - me - rus: Te Már - ty - rum can - di - dá - tus
lau - dat e - xér - ci - tus. Te per or - bem te - rrá - rum
sánc - ta con - fi - té - tur Ec - clé - si - a: Pá - trem
im - mén - sæ ma - ies - tá - tis: Ve - ne - rán - dum tú - um vé - rum
et ú - ni - cum Fí - li - um: Sanc - tum quó - que Pa - rá - cli - tum
Spí - ri - tum. Tu Rex gló - ri - æ, Chrí - ste. Tu pa - tris
sem - pi - tér - nus es Fí - li - us. Tu, ad li - be - rán - dum
sus - cep - tú - rus hó - mi - nem, non ho - rru - í - sti Vír - gi - nis

úterum. Tu, devícto mórtis acúleo, aperuísti credéntibus régna cælórum. Tu ad déxteram Déi sédes, in glória Patris. Iúdex créderis ésse ventúrus. Te ergo quæsumus, tuis fámulis súbveni, quos pretióso sánguine redemísti. Ætérna fac cum Sánctis tuis in glória numerári. Salvum fac pópulum túum Dómine, et bénedic hereditáti túæ. Et rége éos, et extólle íl-los us-que in æ-tér-num. Per sín-gu-los dí-es

be-ne-dí-ci-mus te. Et lau-dá-mus nó-men tú-um

in sæ-cu-lum, et in sæ-cu-lum sæ-cu-li.

Dig-ná-re, Dó-mi-ne, dí-e ís-to, si-ne

pec-cá-to nos cus-to-dí-re. Mi-se-ré-re nós-tri, Dó-mi-ne,

mi-se-ré-re nos-tri. Fí-at mi-se-ri-cór-di-a tú-a,

Dó-mi-ne, sú-per nos, que-mád-mo-dum spe-rá-vi-mus in te.

In te, Dó-mi-ne, spe-rá-vi:

non con-fún-dar in æ-tér-num.

Triságio Angélico

A festa da Santíssima Trindade celebra-se no domingo seguinte a Pentecostes e o Triságio (oração de adoração e louvor) deve rezar-se durante três dias, começando na sexta-feira antes da festa para acabar no domingo.

Em nome do Pai, e do Filho, e do Espírito Santo. Amém
V. Abri, Senhor, os meus lábios.
R. E a minha boca anunciará o vosso louvor.
V. Ó Deus, vinde em meu auxílio.
R. Senhor, apressai-Vos em me socorrer.
V. Glória ao Pai, ao Filho, e ao Espírito Santo.
R. Como era no princípio, agora e sempre. Amém.

In nómine Patris et Fílii et Spíritus Sancti. Ámen.
V. Dómine, lábia mea apéries.
R. Et os meum annuntiábit laudem tuam.
V. Deus in adiutórium meum inténde.
R. Dómine, ad adiuvándum me festína.
V. Glória Patri et Fílio et Spirítui Sancto.
R. Sicut erat in princípio, et nunc, et semper, et in sáecula saeculórum. Ámen.

Primeira dezena

Procede-se do seguinte modo: em primeiro lugar, dizem todos a invocação Santo Deus (Sanctus Deus); *depois, como de costume, o sacerdote (ou quem dirige a recitação das orações) e os outros alternam a oração dominical; a seguir, repetem-se nove vezes os versos seguintes, com o sacerdote (ou quem dirige a recitação das orações) dizendo* A Vós o louvor (Tibi laus) *e respondendo todos* Santo, Santo, Santo (Sanctus, Sanctus, Sanctus); *no fim se diz o* Glória (Glória Patri).

T. **S**anto Deus, Santo Forte, Santo Imortal, tende piedade de nós.

V. Pai nosso que estais nos céus, santificado seja o vosso nome; venha a nós o vosso reino, seja feita a vossa vontade assim na terra como no céu. O pão nosso de cada dia nos dai hoje; perdoai-nos as nossas ofensas, assim como nós perdoamos a quem nos tem ofendido, e não nos deixeis cair em tentação, mas livrai-nos do mal. Amém.

V. A Vós o louvor, a Vós a glória, a Vós temos de dar graças pelos séculos dos séculos, ó Santíssima Trindade.

R. Santo, Santo, Santo Senhor Deus dos Exércitos. O céu e a terra proclamam a vossa glória.

V. Glória ao Pai, ao Filho, e ao Espírito Santo.

R. Como era no princípio, agora e sempre. Amém.

T. **S**anctus Deus, Sanctus fortis, Sanctus immortális, miserére nobis.

V. Pater noster, qui es in caelis, sanctificétur nomen tuum; advéniat regnum tuum; fiat volúntas tua, sicut in caelo et in terra. Panem nostrum cotidiánum da nobis hódie, et dimítte nobis débita nostra sicut et nos dimíttimus debitóribus nostris. Et ne nos indúcas in tentatiónem, sed líbera nos a malo. Ámen.

V. Tibi laus, Tibi glória, Tibi gratiárum actio in sáecula sempitérna, O Beáta Trínitas.

R. Sanctus, Sanctus, Sanctus Dóminus Deus exercítuum. Pleni sunt caeli et terra glória tua.

V. Glória Patri et Fílio et Spirítui Sancto,

R. Sicut erat in princípio, et nunc, et semper, et in sáecula saeculórum. Ámen.

As outras duas dezenas dizem-se do mesmo modo, começando com as palavras Santo Deus (Sanctus Deus), *etc. Ao terminar a última dezena, todos dizem a seguinte Antífona:*

A Vós, Deus Pai não gerado, a Vós Filho unigênito, a Vós Espírito Santo Paráclito, santa e indivisa Trindade, com todas as forças do nosso coração e da nossa voz, reconhecemos, louvamos e bendizemos: glória a Vós pelos séculos dos séculos.
V. Bendigamos o Pai, o Filho, e o Espírito Santo.
R. Louvemo-lO e exaltemo-lO para sempre.

Oremos:
Onipotente e eterno Deus, que concedestes aos vossos servos conhecer na confissão da verdadeira fé a glória da eterna Trindade, e adorar a sua Unidade no poder da Majestade, fazei, pedimos-Vos, que, pela firmeza desta mesma fé, sejamos protegidos contra todas as adversidades. Por Cristo, Senhor Nosso.
T. Amém.

Te Deum Patrem ingénitum, te Fílium unigénitum, te Spirítum Sanctum Paráclitum, sanctam et indivíduam Trinitátem, toto corde et ore confitémur, laudámus, atque benedícimus: Tibi glória in sáecula.

V. Benedicámus Patrem, et Fílium cum Sancto Spíritu.
R. Laudémus et superexaltémus eum in sáecula.

Orémus:
Omnípotens sempitérne Deus, qui dedísti fámulis tuis in confessióne verae fídei, aetérnae Trinitatis glóriam agnóscere, et in poténtia maiestátis adoráre Unitátem: quáesumus, ut eiúsdem fídei firmitáte, ab ómnibus semper muniámur advérsis. Per Christum Dóminum nostrum.
T. Ámen.

Terminada a oração, todos acrescentam:

T. Livrai-nos, salvai-nos, vivificai-nos, ó Santíssima Trindade!	T. Líbera nos, salva nos, vivífica nos, O Beáta Trínitas!

Jaculatórias

Glória ao Pai, ao Filho e ao Espírito Santo.	Glória Patri et Fílio et Spirítui Sancto.
Senhor, salva-nos que perecemos!	Dómine, salva nos, périmus!
Senhor, aumenta-nos a fé.	Dómine, adáuge nobis fidem.
Ó Deus, compadecei-Vos de mim, pecador.	Deus, propítius esto mihi peccatóri.
Para Deus toda a glória.	Deo omnis glória.
Bendita seja a Santíssima Trindade.	Benedícta sit sancta Trínitas.
Meu Deus e meu tudo.	Deus meus et ómnia.

IV. ORAÇÕES A DEUS PAI

Pai Nosso

Pai nosso que estais nos céus, santificado seja o vosso nome; venha a nós o vosso reino, seja feita a vossa vontade assim na terra como no céu. O pão nosso de cada dia nos dai hoje; perdoai-nos as nossas ofensas, assim como nós perdoamos a quem nos tem ofendido, e não nos deixeis cair em tentação, mas livrai-nos do mal. Amém.

Pater noster, qui es in caelis, sanctificétur nomen tuum; advéniat regnum tuum; fiat volúntas tua, sicut in caelo et in terra. Panem nostrum cotidiánum da nobis hódie, et dimítte nobis débita nostra sicut et nos dimíttimus debitóribus nostris. Et ne nos indúcas in tentatiónem, sed líbera nos a malo. Ámen.

Senhor santo, Pai onipotente

São Boaventura

Senhor santo, Pai onipotente, Deus eterno, por vossa generosidade e a do vosso Filho que por mim padeceu paixão e morte, e pela excelentíssima santidade de sua Mãe, e pelos méritos de todos os santos, concedei-me a mim, pecador e indigno de qual-

Dómine sancte, Pater omnípotens, aetérne Deus, propter tuam largitátem et Fílii tui, qui pro me sustinuit passiónem et mortem, et Mátris eius excellentíssimam sanctitátem, atque ómnium Sanctórum mérita, concede mihi peccatóri, et omni tuo benefí-

quer benefício vosso, que só a Vós ame, que sempre tenha sede do vosso amor, que continuamente tenha no coração o benefício da Paixão, que reconheça minha miséria, que deseje ser pisado e desprezado por todos; que só a culpa me entristeça. Amém.

cio indígno, ut te solum díligam, tuum amórem semper sítiam, benefícium passiónis contínuo in corde hábeam, meam misériam recognóscam, et ab ómnibus concúlcari et contémni cúpiam; nihil me contrístet nisi culpa. Ámen.

Jaculatórias

Abbá, Pai!

Pai, em vossas mãos entrego o meu espírito.

Deus Pai dos Céus, tende piedade de nós.

Abba, Pater!

Pater, in manus tuas comméndo spíritum meum.

Pater de caelis, Deus, miserére nobis.

V. ORAÇÕES A DEUS FILHO

SENHOR JESUS, QUE ME CONHEÇA

Santo Agostinho

Senhor Jesus, que me conheça a mim e te conheça a Ti,
Que não deseje outra coisa senão a Ti.
Que me odeie a mim e te ame a Ti.
E que tudo o faça sempre por Ti.
Que me humilhe e que te exalte a Ti.
Que não pense nada mais senão em Ti.
Que me mortifique, para viver em Ti.
E que aceite tudo como vindo de Ti.
Que renuncie ao que é meu e te siga só a Ti.
Que sempre escolha seguir-te a Ti.
Que fuja de mim e me refugie em Ti.
E que mereça ser protegido por Ti.
Que me tema a mim e tema ofender-te a Ti.

Dómine Iesu, nóverim me, nóverim te,

Nec áliquid cúpiam nisi te.
Óderim me et ámem te.

Ómnia agam propter te.

Humíliem me, exáltem te.

Nihil cógitem nisi te.

Mortíficem me et vivam in te.
Quaecúmque evéniant accípiam a te.
Pérsequar me, sequar te.

Sempérque óptem sequi te.

Fúgiam me, confúgiam ad te.
Ut mérear deféndi a te.

Tímeam mihi, tímeam te.

Que seja contado entre os escolhidos por Ti.	Et sim inter eléctos a te.
Que desconfie de mim e ponha toda minha confiança em Ti.	Diffídam mihi, fidam in te.
E que obedeça aos outros por amor a Ti.	Oboedíre velim propter te.
Que a nada dê importância senão só a Ti.	Ad nihil affíciar nisi ad te.
Que queira ser pobre por amor a Ti.	Et pauper sim propter te.
Olha-me, para que só te ame a Ti.	Áspice me, ut díligam te.
Chama-me, para que só te procure a Ti.	Voca me, ut vídeam te.
E concede-me a graça de gozar sempre de Ti. Amém.	Et in aetérnum frúar te. Ámen.

Messias Salvador

Cântico de Zacarias
(Lc 1, 68-79)

Bendito seja o Senhor, Deus de Israel, porque visitou e resgatou seu povo:	**B**enedíctus Dóminus Deus Israel,* quia visitávit, et fecit redemptiónem plébis suae:
E fez surgir em nosso favor um poderoso Salvador, na casa de Davi, seu servo.	Et eréxit cornu salútis nobis* in domo David púeri sui.
Foi assim que ele prometeu desde há séculos pela boca dos seus santos profetas:	Sicut locútus est per os sanctórum,* qui a sáeculo sunt, Prophetárum eius:
Que nos salvaria dos inimigos e do poder de todos os que nos odeiam:	Salútem ex inimícis nostris,* et de manu ómnium qui odérunt nos:
Que usaria de misericórdia para com os nossos pais e se lembraria da sua santa aliança:	Ad faciéndam misericórdiam cum pátribus nostris:* et memorári testaménti sui sancti:
O juramento que fez a Abraão, nosso pai, foi-se-nos dado;	Ius iurándum, quod iurávit ad Ábraham patrem nostrum,* datúrum se nobis;
Para que, sem temor e livres do poder dos inimigos, o sirvamos.	Ut sine timóre, de manu inimicórum nostrórum liberáti,* serviámus illi.

Com santidade e justiça, em sua presença, todos os nossos dias.	In sanctitáte et iustítia córam ipso,* ómnibus diébus nostris.
E tu, menino, serás chamado profeta do Altíssimo pois irás adiante do Senhor preparar-lhe os caminhos:	Et tu puer, prophéta Altíssimi vocáberis:* praeíbis enim ante fáciem Dómini paráre vias eius:
E dar ao povo o conhecimento da salvação, pelo perdão dos pecados.	Ad dándam sciéntiam salutis plébi eius:* in remissiónem peccatórum eórum:
Graças ao coração misericordioso de nosso Deus, o sol do alto nos visitará:	Per víscera misericórdiae Dei nostri:* in quibus visitábit nos, óriens ex alto:
Para iluminar os que estão sentados nas trevas e nas sombras da morte, e dirigir nossos passos para o caminho da paz.	Illumináre his qui in ténebris et in úmbra mortis sédent:* ad dirigéndos pedes nostros in viam pacis.

Salmo 2

Ant. **S**eu reinado é sempiterno; e todos os reis o servirão e lhe obedecerão. (*T.P. Aleluia*)

Ant. **R**egnum eius* regnum sempitérnum est, et omnes reges sérvient ei et obédient. (*T.P. Allelúia*)

1. Por que se amotinam as nações, e os povos maquinam planos vãos?

1. Quare fremuérunt gentes, et pópuli meditáti sunt inánia?

2. Sublevam-se os reis da terra, e os príncipes coli-

2. Astitérunt reges terrae, et príncipes convenérunt in

gam-se contra o Senhor e contra o seu Ungido.

3. "Quebremos, dizem, as suas cadeias, e sacudamos de nós o seu jugo!"

4. Aquele que habita nos céus ri-se, o Senhor zomba deles.

5. Ele lhes fala então na sua ira, e no seu furor os aterroriza:

6. "Eu, porém, constituí o meu rei sobre Sião, meu monte santo!"

7. Promulgarei o decreto do Senhor. O Senhor disse-me: "Tu és meu filho; eu hoje te gerei".

8. Pede-me, e eu te darei as nações em herança, e em teu domínio até as extremidades da terra.

9. Tu as governarás com vara de ferro, e qual vaso de oleiro as quebrarás.

10. E agora, ó reis, entendei; deixai-vos instruir, vós que governais a terra.

unum advérsus Dóminum et advérsus Christum eius:

3. "Dirumpámus víncula eórum et proiciámus a nobis iugum ipsórum!"

4. Qui hábitat in caelis, irridébit eos, Dóminus subsannábit eos.

5. Tunc loquétur ad eos in ira sua et in furóre suo conturbábit eos:

6. "Ego autem constítui regem meum super Sion, montem sanctum meum!"

7. Praedicábo decrétum eius. Dóminus dixit ad me: "Fílius meus es tu; ego hódie génui te".

8. Póstula a me, et dabo tibi gentes hereditátem tuam et possessiónem tuam términos terrae.

9. Reges eos in virga férrea et tamquam vas fíguli confrínges eos.

10. Et nunc, reges, intellégite; erudímini, qui iudicátis terram.

11. Servi o Senhor com temor, e louvai-O com tremor.

12. Prestai-lhe vassalagem, para que não se indigne e pereçais fora do caminho, quando em breve se acender a sua cólera. Bemaventurados todos os que nEle confiam.

13. Glória ao Pai, ao Filho, e ao Espírito Santo.

14. Como era no princípio, agora e sempre. Amém.

Ant. Seu reino é sempiterno; e todos os reis o servirão e lhe obedecerão. (*T.P. Aleluia*)

V. Ouvi, Senhor, a minha oração.
R. E chegue a Vós o meu clamor.

Os sacerdotes acrescentam:

V. O Senhor esteja convosco.
R. Ele está no meio de nós.

---

11. Servíte Dómino in timóre et exsultáte ei cum tremóre.

12. Apprehéndite disciplínam, ne quando irascátur, et pereátis de via, cum exárserit in brevi ira eius. Beáti omnes qui confidunt in eo.

13. Glória Patri, et Fílio,* et Spirítui Sancto.

14. Sicut erat in princípio, et nunc et semper,* et in sáecula saeculórum. Ámen.

Ant. Regnum eius* regnum sempitérnum est, et omnes reges sérvient ei et obóedient. (*T.P. Allelúia*).

V. Dómine, exáudi oratiónem meam.
R. Et clamor meus ad te véniat.

Sacerdotes addunt:

V. Dóminus vobíscum.
R. Et cum spíritu tuo.

Oração: Ó Deus onipotente e eterno, que tudo quisestes instaurar no vosso amado Filho, Rei do Universo; concedei, propício, que todas as nações, desagregadas pela ferida do pecado, se submetam ao vosso suavíssimo poder. Ele, que convosco vive e reina, na unidade do Espírito Santo, Deus, por todos os séculos dos séculos.
R. Amém.

Orémus: Omnípotens sempitérne Deus, qui in dilécto Fílio tuo, universórum Rege, ómnia instauráre voluísti: concéde propítius, ut cunctae famíliae géntium, peccáti vúlnere disgregátae, eius suavíssimo subdántur império. Qui tecum vívit et regnat in unitáte Spíritus Sancti, Deus. Per ómnia sáecula saeculórum.
R. Ámen.

Humanidade Santíssima

Adéste, fidéles

Embora não faça parte oficial da Liturgia, este hino de Natal do século XVIII é muito popular. Foi erroneamente atribuído a São Boaventura; mas estudos modernos indicam que o autor foi John Francis Wade (1711-1786).

1. **V**inde, fiéis, gozosos, triunfántes: Vinde, vinde a Belém. Vede já nascido o Rei dos Anjos.

R. Vinde e adoremos, vinde e adoremos, vinde e adoremos o Senhor.

2. Vede como, deixando o rebanho, uns humildes pastores correm ao serem chamados ao presépio: também nós apressemos, gozosos, o passo.

R. Vinde e adoremos, vinde e adoremos, vinde e adoremos o Senhor.

3. Veremos o resplendor eterno do Eterno Pai, velado sob a carne; um Deus Menino em paninhos envolvido.

R. Vinde e adoremos, vinde e adoremos, vinde e adoremos o Senhor.

1. **A**déste fidéles laeti triumphántes; veníte, veníte in Béthlehem; nátum vidéte Régem Angelórum:

R. Veníte, adorémus, veníte, adorémus, veníte, adorémus Dóminum.

2. En, grege relícto, húmiles ad cunas, vocáti pastóres appróperant; et nos ovánti gradu festinémus.

R. Veníte, adorémus, veníte, adorémus, veníte, adorémus Dóminum.

3. Aetérni Paréntis splendórem aetérnum, velátum sub carne vidébimus; Deum infántem pannis involútum.

R. Veníte, adorémus, veníte, adorémus, veníte, adorémus Dóminum.

4. Por nós Se fez pobre e descansa sobre palhas; acaricie-mo-lO com piedosos abraços. A quem assim nos amou, quem não O amará?

R. Vinde e adoremos, vinde e adoremos, vinde e adoremos o Senhor.

4. Pro nobis egénum et fóeno cubántem, piis foveámus ampléxibus. Sic nos amántem quis non redamáret?

R. Veníte, adorémus, veníte, adorémus, veníte, adorémus Dóminum.

ADÉSTE, FIDÉLES

Adéste, fidéles, læti, triumphántes: Veníte, veníte in Béthlehem: nátum vidéte Régem Angelórum: Veníte, adorémus, veníte adorémus, veníte adorémus Dóminum.

Nátum... 2. En, grege relícto, húmiles ad cunas vocáti pastóres appróperant: et nos ováti gradu festinémus: Veníte, adorémus, veníte adorémus, veníte adorémus Dóminum. Et nos...

3. Ætérni Paréntis splendórem ætérnum velátum sub carne vidébimus: Deum infántem pannis involútum: Veníte, adorémus, veníte adorémus, veníte adorémus Dóminum. Deum...

4. Pro nobis egénum et fœno cubántem, piis foveámus ampléxibus. Sic nos amántem quis non redamáret? Veníte, adorémus, veníte adorémus, veníte adorémus Dóminum. Sic nos...

Ladainha do Santíssimo Nome de Jesus

V. Senhor, tende piedade de nós.
R. Senhor, tende piedade de nós.
V. Jesus Cristo, tende piedade de nós.
R. Jesus Cristo, tende piedade de nós.
V. Senhor, tende piedade de nós.
R. Senhor, tende piedade de nós.
V. Jesus Cristo, ouvi-nos.
R. Jesus Cristo, ouvi-nos.
V. Jesus Cristo, atendei-nos.
R. Jesus Cristo, atendei-nos.

(Repete-se a mesma resposta a partir daqui)

V. Deus Pai do Céu,
R. Tende piedade de nós.
Deus Filho Redentor do mundo,
Deus Espírito Santo,
Santíssima Trindade, que sois um só Deus,
Jesus, Filho de Deus vivo,
Jesus, esplendor do Pai,
Jesus, pureza da luz eterna,

V. Kýrie, eléison.
R. Kýrie, eléison.
V. Christe, eléison.
R. Christe, eléison.
V. Kýrie, eléison.
R. Kýrie, eléison.
V. Iesu, áudi nos.
R. Iesu, áudi nos.
V. Iesu, exáudi nos.
R. Iesu, exáudi nos.

(Hinc simíliter respondétur)

V. Pater de caelis, Deus,
R. Miserére nobis.
Fili, Redémptor mundi, Deus,
Spíritus Sancte, Deus,
Sancta Trínitas, unus Deus,

Iesu, Fili Dei vivi,
Iesu, splendor Patris,
Iesu, candor lucis aetérnae,

V. Jesus, Rei da glória,	V. Iesu, rex glóriae,
Jesus, sol da justiça,	Iesu, sol iustítiae,
Jesus, Filho da Virgem Maria,	Iesu, Fili Maríae Vírginis,
Jesus amável,	Iesu, amábilis,
Jesus admirável,	Iesu, admirábilis,
Jesus, Deus forte,	Iesu, Deus fortis,
Jesus, pai do futuro do século,	Iesu, pater futúri sáeculi,
Jesus, Anjo do grande conselho,	Iesu, magni consílii ángele,
Jesus poderosíssimo,	Iesu potentíssime,
Jesus pacientíssimo,	Icsu patientíssime,
Jesus obedientíssimo,	Iesu oboedientíssime,
Jesus, manso e humilde de coração,	Iesu, mitis et húmilis corde,
Jesus, amante da castidade,	Iesu, amátor castitátis,
Jesus, amador nosso,	Iesu, amátor noster,
Jesus, Deus da paz,	Iesu, Deus pacis,
Jesus, autor da vida,	Iesu, auctor vitae,
Jesus, exemplar das virtudes,	Iesu, exémplar virtútum,
Jesus, zelador das almas,	Iesu, zelátor animárum,
Jesus, nosso Deus,	Iesu, Deus noster,
Jesus, nosso refúgio,	Iesu, refúgium nostrum,
Jesus, Pai dos pobres,	Iesu, pater páuperum,
Jesus, tesouro dos fiéis,	Iesu, thesáure fidélium,
Jesus, bom Pastor,	Iesu, bone pastor,
Jesus, luz verdadeira,	Iesu, lux vera,
Jesus, sabedoria eterna,	Iesu, sapiéntia aetérna,
Jesus, bondade infinita,	Iesu, bónitas infiníta,
Jesus, nosso caminho e nossa vida,	Iesu, via et vita nostra,

V. Jesus, alegria dos Anjos, Jesus, rei dos Patriarcas, Jesus, mestre dos Apóstolos, Jesus, doutor dos Evangelistas, Jesus, fortaleza dos Mártires, Jesus, luz dos Confessores, Jesus, pureza das Virgens, Jesus, coroa de todos os Santos,	V. Iesu, gáudium Angelórum, Iesu, rex Patriarchárum, Iesu, magíster Apostolórum, Iesu, doctor Evangelistárum, Iesu, fortitúdo Mártyrum, Iesu, lúmen Confessórum, Iesu, púritas Vírginum, Iesu, coróna Sanctórum ómnium,
V. Sede-nos propício. R. Perdoai-nos, Jesus. V. Sede-nos propício. R. Ouvi-nos, Jesus.	V. Propítius esto. R. Parce nobis, Iesu. V. Propítius esto. R. Exáudi nos, Iesu.
(Repete-se a mesma resposta a partir daqui)	*(Hinc simíliter respondétur)*
V. De todo o mal, R. Livrai-nos, Jesus. De todo o pecado, Da vossa ira, Das ciladas do demônio, Do espírito da impureza, Da morte eterna, Do desprezo das vossas inspirações, Pelo mistério da vossa santa Encarnação,	V. Ab omni malo, R. Líbera nos, Iesu. Ab omni peccáto, Ab ira tua, Ab insídiis diáboli, A spíritu fornicatiónis, A morte perpétua, A negléctu inspiratiónum tuárum, Per mystérium sanctae Incarnatiónis tuae,

V. Pela vossa Natividade,	V. Per Nativitátem tuam,
Pela vossa Infância,	Per Infántiam tuam,
Pela vossa santíssima vida,	Per diviníssimam vitam tuam,
Pelos vossos trabalhos,	Per labóres tuos,
Pela vossa Agonia e Paixão,	Per Agóniam et Passiónem tuam,
Pela vossa cruz e desamparo,	Per crucem et derelictiónem tuam,
Pelas vossas angústias,	Per languóres tuos,
Pela vossa Morte e Sepultura,	Per Mortem et Sepultúram tuam,
Pela vossa Ressurreição,	Per Resurrectiónem tuam,
Pela vossa Ascensão,	Per Ascensiónem tuam,
Pela vossa instituição da Santíssima Eucaristia,	Per sanctíssimae Eucharístiae institutiónem tuam,
Pelas vossas alegrias,	Per gáudia tua,
Pela vossa glória,	Per glóriam tuam,

V. Cordeiro de Deus, que tirais os pecados do mundo, R. Perdoai-nos, Jesus.	V. Agnus Dei, qui tollis peccáta mundi, R. Parce nobis, Iesu.
V. Cordeiro de Deus, que tirais os pecados do mundo, R. Ouvi-nos, Jesus.	V. Agnus Dei, qui tollis peccáta mundi, R. Exáudi nos, Iesu.
V. Cordeiro de Deus, que tirais os pecados do mundo, R. Tende piedade de nós, Jesus.	V. Agnus Dei, qui tollis peccáta mundi, R. Miserére nobis, Iesu.
V. Jesus, ouvi-nos. R. Jesus, ouvi-nos.	V. Iesu, audi nos. R. Iesu, audi nos.

V. Jesus, atendei-nos.
R. Jesus, atendei-nos.

Oremos: Senhor Jesus Cristo, que dissestes: pedi e recebereis; buscai e achareis; batei e abrir-se-vos-á, nós Vos suplicamos que concedais, a nós que Vo-los pedimos, os sentimentos afetivos de vosso divino amor, a fim de que Vos amemos de todo o coração e que esse amor transcenda por nossas ações, sem que deixemos de Vos louvar.

Permiti que tenhamos sempre, Senhor, um igual temor e amor pelo vosso Santo Nome; pois não deixais de governar aqueles que estabeleceis na firmeza do vosso amor. Vós que viveis e reinais por todos os séculos dos séculos.
Amém.

V. Iesu, exáudi nos.
R. Iesu, exáudi nos.

Orémus: Dómine Iesu Christe, qui dixísti: Petíte et accipiétis; quáerite et inveniétis; pulsáte et aperiétur vobis; quáesumus, da nobis peténtibus diviníssimi tui amóris afféctum, ut te toto corde, ore et ópere diligámus et a tua numquam laude cessémus.

Sancti Nóminis tui, Dómine, timórem páriter et amórem fac nos habére perpétuum, quia numquam tua gubernatióne destítuis, quos in soliditáte, tuae dilectiónis instítuis. Qui vivis et regnas in sáecula saeculórum.
Ámen.

Sagrado Coração de Jesus

Oração ao Sagrado Coração de Jesus

Ó Deus, que no coração de vosso Filho, ferido por nossos pecados, Vos dignais prodigalizar-nos os infinitos tesouros de Amor, fazei, Vos rogamos, que, rendendo-Lhe o preito de nossa devoção e piedade, também cumpramos dignamente para com Ele o dever de reparação. Pelo mesmo Jesus Cristo, Senhor Nosso. Amém.

Deus, qui nobis in Corde Fílii tui, nostris vulneráto peccátis, infinitos dilectiónis thesáuros misericórditer largíri dignáris: concéde, quáesumus; ut, illi devótum pietátis nostrae praestántes obséquium, dignae quoque satisfactiónis exibeámus offícium. Per eúndem Dóminum Nostrum Iesum Christum. Ámen.

Ato de reparação

Pio XI

Dulcíssimo Jesus, cuja infinita caridade para com os homens é por eles tão ingratamente correspondida com esquecimentos, friezas e desprezos, eis-nos aqui prostrados diante do vosso altar, para Vos desagravarmos com especiais homenagens da insensibilidade tão insensata e das nefandas injúrias

Iesu dulcíssime, cuius effúsa in hómines cáritas, tanta oblivióne, negligéntia, contemptióne, ingratíssime repénditur, en nos, ante conspéctum tuum provolúti, tam nefáriam hóminum socórdiam iniuriásque, quibus úndique amantíssimum Cor tuum affícitur, peculiári hónore resárcire conténdimus.

com que é de toda a parte alvejado o vosso amorosíssimo Coração.

Reconhecendo, porém, com a mais profunda dor, que também nós, mais de uma vez, cometemos as mesmas indignidades, para nós, em primeiro lugar, imploramos a vossa misericórdia, prontos a expiar não só as próprias culpas, senão também as daqueles que, errando longe do caminho da salvação, ou se obstinam na sua infidelidade, não Vos querendo como pastor e guia, ou, conculcando as promessas do batismo, sacudiram o suavíssimo jugo da vossa santa Lei. De todos estes tão deploráveis crimes, Senhor, queremos nós hoje desagravar-Vos, mais particularmente da licença dos costumes e imodéstias do vestido, de tantos laços de corrupção armados à inocência, das execrandas blasfêmias contra Vós e vossos Santos, dos insultos

Áttamen, mémores tantae nos quoque indignitátis non expértes aliquándo fuísse, indéque vehementíssimo dolóre commoti, tuam in primis misericórdiam nobis implorámus, parátis, voluntária expiatióne compensáre flagítia non modo quae ipsi patrávimus, sed étiam illórum, qui, longe a salútis via aberrántes vel te pastórem ducémque sectári detréctant, in sua infidelitáte obstináti, vel, baptismátis promíssa conculcántes, suavíssimum tuae legis iugum excussérunt.

Quae deploránda crímina, cum univérsa expiáre conténdimus, tum nobis síngula resarciénda propónimus: vitae cultúsque immodéstiam atque turpitúdines, tot corruptélae pédicas innocéntium ánimis instrúctas, dies festos violátos, exsecránda in te tuósque Sanctos iactáta maledícta atque in tuum Vicárium ordinémque sa-

ao vosso Vigário e a todo o vosso clero, do desprezo e das horrendas profanações do Sacramento do divino amor, e, enfim, dos atentados e rebeldias oficiais das nações contra os direitos e o magistério da vossa Igreja.

Oh, se pudéssemos lavar, com o próprio sangue, tantas iniquidades! Entretanto, para reparar a honra divina ultrajada, Vos oferecemos, juntamente com os merecimentos da Virgem Mãe, de todos os Santos e almas piedosas, aquela infinita satisfação que Vós oferecestes ao Eterno Pai sobre a Cruz, e que não cessais de renovar todos os dias sobre nossos altares. Ajudai-nos, Senhor, com o auxílio da vossa graça, para que possamos, como é nosso firme propósito, com a viveza da Fé, com a pureza dos costumes, com a fiel observância da lei e caridade evangélica, reparar

cerdotálem convícia irrogáta, ipsum dénique amóris divíni sacraméntum vel negléctum vel horréndis sacrilégiis profanátum, pública postrémo natiónum delícta, quae Ecclésiae a te institútae iúribus magisterióque reluctántur.

Quae útinam crímina sánguine ipsi nostro elúere possémus! Intérea ad violátum divínum honórem resarciéndum, quam Tu olim Patri in Cruce satisfactiónem obtulísti quamque cotídie in altáribus renováre pergis, hanc eámdem nos tibi praestámus, cum Vírginis Matris, ómnium Sanctórum, piórum quoque fidélium expiatiónibus coniúnctam, ex ánimo spondéntes, cum praetérita nostra aliorúmque peccáta ac tanti amóris incúriam firma fide, cándidis vitae móribus, perfécta legis evangélicae, caritátis potíssimum, observántia, quantum in nobis erit, grátia tua favénte, nos esse

todos os pecados cometidos por nós e por nossos próximos, impedir por todos os meios novas injúrias de vossa divina Majestade e atrair ao vosso serviço o maior número de almas possível.

Recebei, ó benigníssimo Jesus, pelas mãos de Maria Santíssima Reparadora, a espontânea homenagem deste nosso desagravo e concedei-nos a grande graça de perseverarmos constantes até a morte no fiel cumprimento dos nossos deveres e no vosso santo serviço, para que possamos chegar todos à pátria bem-aventurada, onde Vós, com o Pai e o Espírito Santo, viveis e reinais, por todos os séculos dos séculos. Amém.

compensatúros, tum iniúrias tibi inferéndas pro víribus prohibitúros, et quam plúrimos potuérimus ad tui sequélam convocatúros.

Excípias, quáesumus, benigníssime Iesu, beáta Vírgine María Reparatríce intercedénte, voluntárium huius expiatiónis obséquium nosque in offício tuíque servítio fidíssimos ad mortem usque velis, magno illo perseverántiae múnere, continére, ut ad illam tandem pátriam perveniámus omnes, ubi Tu cum Patre et Spíritu Sancto vivis et regnas in sáecula saeculórum. Ámen.

Jaculatórias

Jesus, manso e humilde de coração, fazei o nosso coração semelhante ao vosso.	Iesu, mítis et húmilis corde, fac cor nostrum secúndum Cor tuum.
Coração sacratíssimo de Jesus, tende piedade de nós.	Cor Iesu sacratíssimum, miserére nobis.
Coração sacratíssimo e misericordioso de Jesus, dai-nos a paz.	Cor Iesu sacratíssimum et misericors, dona nobis pacem.

Ladainha do Sagrado Coração de Jesus

V. Senhor, tende piedade de nós.	V. Kýrie, eléison.
R. Senhor, tende piedade de nós.	R. Kýrie, eléison.
V. Jesus Cristo, tende piedade de nós.	V. Christe, eléison.
R. Jesus Cristo, tende piedade de nós.	R. Christe, eléison.
V. Senhor, tende piedade de nós.	V. Kýrie, eléison.
R. Senhor, tende piedade de nós.	R. Kýrie, eléison.
V. Jesus Cristo, ouvi-nos.	V. Christe, audi nos.
R. Jesus Cristo, ouvi-nos.	R. Christe, audi nos.
V. Jesus Cristo, atendei-nos.	V. Christe, exáudi nos.
R. Jesus Cristo, atendei-nos.	R. Christe, exáudi nos.
V. Deus, Pai do céu, R. Tende piedade de nós.	V. Pater de caelis, Deus, R. Miserére nobis.
(Repete-se a mesma resposta a partir daqui)	*(Hinc simíliter respondétur)*
V. Deus Filho, Redentor do mundo, Deus Espírito Santo, Santíssima Trindade que sois um só Deus,	V. Fili, Redémptor mundi Deus, Spíritus Sancte, Deus, Sancta Trínitas, unus Deus,

V. Coração de Jesus, Filho do Pai eterno,
Coração de Jesus, formado pelo Espírito Santo no seio da Virgem Mãe,
Coração de Jesus, unido substancialmente ao Verbo de Deus,
Coração de Jesus, de infinita majestade,
Coração de Jesus, templo santo de Deus,
Coração de Jesus, tabernáculo do Altíssimo,
Coração de Jesus, casa de Deus e porta do céu,
Coração de Jesus, fornalha ardente de caridade,
Coração de Jesus, receptáculo de justiça e de amor,
Coração de Jesus, cheio de bondade e de amor,
Coração de Jesus, abismo de todas as virtudes,
Coração de Jesus, digníssimo de todo louvor
Coração de Jesus, rei e centro de todos os corações,
Coração de Jesus, no qual estão todos os tesouros de sabedoria e de ciência,
Coração de Jesus, no qual habita toda a plenitude da divindade,

V. Cor Iesu, Fílii Patris aetérni,
Cor Iesu, in sinu Vírginis Matris a Spíritu Sancto formátum,
Cor Iesu, Verbo Dei substantiáliter unítum,
Cor Iesu, maiestátis infinítae,
Cor Iesu, templum Dei sanctum,
Cor Iesu, tabernáculum Altíssimi,
Cor Iesu, domus Dei et porta caeli,
Cor Iesu, fornax árdens caritátis,
Cor Iesu, iustítiae et amóris receptáculum,
Cor Iesu, bonitáte et amóre plenum,
Cor Iesu, virtútum ómnium abýssus,
Cor Jesu, omni laude dignissimum,
Cor Iesu, rex et centrum ómnium córdium,
Cor Iesu, in quo sunt omnes thesáuri sapiéntiae et sciéntiae,
Cor Iesu, in quo hábitat omnis plenitúdo divinitátis,

V. Coração de Jesus, no qual o Pai pôs toda a sua complacência,
Coração de Jesus, de cuja plenitude todos nós participamos,
Coração de Jesus, desejo das colinas eternas,
Coração de Jesus, paciente e muito misericordioso,
Coração de Jesus, rico para todos os que o invocam,
Coração de Jesus, fonte de vida e santidade,
Coração de Jesus, propiciação pelos nossos pecados,
Coração de Jesus, saturado de opróbrios,
Coração de Jesus, atribulado por causa de nossos crimes,
Coração de Jesus, obediente até a morte,
Coração de Jesus, traspassado pela lança,
Coração de Jesus, fonte de toda consolação,
Coração de Jesus, nossa vida e ressurreição,
Coração de Jesus, nossa paz e reconciliação,

V. Cor Iesu, in quo Pater sibi bene complácuit,
Cor Iesu, de cuius plenitúdine omnes nos accépimus,
Cor Iesu, desidérium cóllium aeternórum,
Cor Iesu, pátiens et multae misericórdiae,
Cor Iesu, dives in omnes qui ínvocant te,
Cor Iesu, fons vitae et sanctitátis,
Cor Iesu, propitiátio pro peccátis nostris,

Cor Iesu, saturátum opróbriis,
Cor Iesu, attrítum propter scélera nostra,

Cor Iesu, usque ad mortem obóediens factum,
Cor Iesu, láncea perforátum,
Cor Iesu, fons totíus consolatiónis,
Cor Iesu, vita et resurréctio nostra,
Cor Iesu, pax et reconciliátio nostra,

V. Coração de Jesus, vítima dos pecadores,
Coração de Jesus, salvação dos que esperam em Vós,
Coração de Jesus, esperança dos que expiram em Vós,
Coração de Jesus, delícia de todos os santos,

V. Cordeiro de Deus, que tirais o pecado do mundo,
R. Perdoai-nos, Senhor.

V. Cordeiro de Deus, que tirais o pecado do mundo,
R. Ouvi-nos, Senhor.

V. Cordeiro de Deus, que tirais o pecado do mundo,
R. Tende piedade de nós, Senhor.

V. Jesus, manso e humilde de coração,
R. Fazei nosso coração semelhante ao vosso.

Oremos: Onipotente e eterno Deus, ponde os olhos no Coração de vosso muito amado Filho e

V. Cor Iesu, víctima peccatórum,
Cor Iesu, salus in te sperántium,

Cor Iesu, spes in te moriéntium,

Cor Iesu, delíciae Sanctórum ómnium,

V. Agnus Dei, qui tollis peccáta mundi,
R. Parce nobis, Dómine.

V. Agnus Dei, qui tollis peccáta mundi,
R. Exáudi nos, Dómine.

V. Agnus Dei, qui tollis peccáta mundi,
R. Miserére nobis, Dómine.

V. Iesu, mitis et húmilis Corde,
R. Fac cor nostrum secúndum Cor tuum.

Orémus: Omnípotens sempitérne Deus, réspice in Cor dilectíssimi Fílii tui et in laudes et satisfactiónes,

nos louvores e satisfações que Ele Vos oferece em nome dos pecadores; e concedei-lhes, propício, o perdão que imploram da vossa misericórdia em Nome do mesmo Jesus Cristo, vosso Filho, que convosco vive e reina por todos os séculos. R. Amém.

quas in nómine peccatórum tibi persólvit, iísque misericórdiam tuam peténtibus, tu véniam concéde placátus in nómine eiúsdem Fílii tui Iesu Christi: Qui tecum vivit et regnat in sáecula saeculórum.
R. Ámen.

Santa Cruz

Ó Boa Cruz

Atribuído a Santo André

Ó boa Cruz, que do Corpo de Jesus recebeste a formosura, tanto tempo desejada, tão ardentemente amada, sem descanso procurada! Para a minha alma ansiosa estás por fim preparada! Retira-me dentre os homens e devolve minha vida ao Mestre de quem sou! Por ti me receba Aquele que por ti me resgatou. Amém.

O bona Crux, quae decórem ex membris Dómini suscepísti, diu desideráta, sollícite amáta, sine intermissióne quaesíta, et aliquándo cupiénti ánimo praeparáta: áccipe me ab homínibus, et redde me magístro meo: ut per te me recípiat, qui per te me redémit. Ámen.

Via Sacra

Oração diante do altar-mor

Em união com Maria, a Mãe das dores, vamos, ó Jesus, percorrer o caminho doloroso por onde passastes para consumar a nossa Redenção no Calvário. Oxalá esta meditação dos principais mistérios da vossa Paixão nos encha o coração de compunção por nossos pecados e de reconhecimento pelo vosso grande amor para conosco.

Antes de cada estação
V. Nós Vos adoramos, ó Jesus, e Vos bendizemos.
R. Porque pela vossa Santa Cruz redimistes o mundo.

Depois de cada estação
Pai Nosso, Ave Maria, Glória.
V. Senhor, pequei.
R. Tende piedade e misericórdia de mim.

Estações

I. Estação
Jesus é condenado à morte
Pilatos lhes disse: "Mas, o que farei com Jesus, chamado Cristo?" Todos disseram: "Seja crucificado!" O governador insistiu: "Que mal fez ele?" Eles, porém, gritavam ainda mais: "Seja crucificado!" (Mt 27, 22-23).

II. Estação
Jesus toma a sua Cruz
Se alguém quiser vir após mim, renuncie a si mesmo, tome a sua cruz e siga-me. Pois quem quiser salvar a sua vida, vai perdê-la; mas quem perder a sua vida por amor de mim, há de encontrá-la. O que adianta alguém ganhar o mundo inteiro, se vier a se prejudicar? Ou, o que se pode dar em troca da própria vida? (Mt 16, 24-26).

III. Estação
Jesus cai sob o peso da Cruz
O Senhor abriu-me os ouvidos e eu não me opus, não me retirei. Apresentei as costas àqueles que me flagelavam e o rosto a quem me arrancava a barba. Não desviei o rosto dos ultrajes e dos escarros. Meu Deus está comigo. Por isso não serei confundido (Is 50, 5-7).

IV. Estação
Jesus encontra Maria, sua Santíssima Mãe
Simeão abençoou-os e disse a Maria, sua Mãe: "Este menino está destinado a ser ocasião de queda e elevação de muitos em Israel e sinal de contradição. Quanto a ti, uma espada atravessará a tua alma! Assim serão revelados os pensamentos de muitos corações" (Lc 2, 34-35).

V. Estação
Simão Cirineu ajuda Jesus a carregar a Cruz
Enquanto o conduziam, agarraram um certo Simão de Cirene, que vinha da lavoura, e o encarregaram de levar a Cruz atrás de Jesus (Lc 23, 26).

VI. Estação
Uma piedosa mulher enxuga a face de Jesus
Quem deu crédito ao que nos era anunciado, e a quem o braço do Senhor foi revelado? Ele vegetava na sua presença como um rebento, como raiz em terra seca. Não tinha beleza nem formosura que atraísse os nossos olhares, não tinha apresentação para que desejássemos vê-lO. Era desprezado, era o refugo da humanidade, homem das dores e habituado à enfermidade; era como pessoa de quem se desvia o rosto, tão desprezível que não fizemos caso dele (Is 53, 1-3).

VII. Estação
Jesus cai pela segunda vez
Foi ele que carregou as nossas enfermidades, e tomou sobre si as nossas dores. E nós o considerávamos como alguém fulminado, castigado por Deus e humilhado. Mas ele foi traspassado por causa das nossas rebeldias, esmagado por causa de nossos crimes; caiu sobre ele o castigo que nos salva, e suas feridas nos curaram (Is 53, 4-5).

VIII. Estação
Jesus consola as filhas de Jerusalém
Seguia-o grande multidão de povo e de mulheres que batiam no peito e se lamentavam. Voltando-se para elas, Jesus disse: "Filhas de Jerusalém, não choreis por Mim!

Chorai antes por vós mesmas e pelos vossos filhos" (Lc 23, 27-28).

IX. Estação
Jesus cai pela terceira vez
Vinde a mim vós todos, que estais cansados e sobrecarregados, e eu vos aliviarei. Tomai sobre vós o meu jugo e aprendei de Mim, que sou manso e humilde de coração, e achareis descanso para as vossas almas. Pois o meu jugo é suave e o meu fardo é leve (Mt 11, 28-30).

X. Estação
Jesus é despojado de suas vestes
Os soldados crucificaram Jesus e dividiram entre si as suas vestes, tirando à sorte o que tocaria a cada um. A túnica era feita de uma só peça, tecida de cima para baixo. Disseram, então: "Não a rasguemos, mas tiremo-la à sorte, para ver a quem tocará" (Mc 15, 24).

XI. Estação
Jesus é pregado na Cruz
Quando chegaram ao lugar chamado "A Caveira", ali crucificaram Jesus juntamente com dois ladrões, um à direita e o outro à esquerda. Jesus dizia: "Pai, perdoa-lhes porque não sabem o que fazem" (Lc 23, 33-34).

XII. Estação
Jesus morre na Cruz
Em seguida, sabendo que tudo estava consumado e para se cumprir plenamente a Escritura, Jesus disse: "Tenho sede". Havia ali um vaso cheio de vinagre. Os soldados fixaram uma esponja embebida em vinagre numa vara de hissopo e aproximaram-lha da boca. Depois de provar o vinagre, Jesus disse: "Tudo está con-

sumado". E, inclinando a cabeça, entregou o espírito (Jo 19, 28-29).

XIII. Estação
JESUS É DESCIDO DA CRUZ E ENTREGUE À SUA MÃE
Depois disso, José de Arimateia, que era discípulo de Jesus, embora em segredo porque tinha medo dos judeus, pediu a Pilatos que lhe permitisse retirar o corpo de Jesus. Pilatos lhe permitiu. Então ele veio e retirou o corpo. Chegou também Nicodemos, o mesmo que antes tinha ido encontrar-se com Jesus de noite, e trouxe uns trinta quilos de uma mistura de mirra e aloés (Jo 19, 38-40).

XIV. Estação
JESUS É COLOCADO NO SEPULCRO
Eles tiraram o corpo de Jesus e envolveram-nO em faixas de linho com aromas, conforme é o costume de sepultar entre os judeus. No local onde Jesus tinha sido crucificado havia um jardim, e no jardim um sepulcro novo onde ninguém ainda tinha sido depositado. Como o sepulcro estivesse próximo e ia começar o sábado dos judeus, foi ali que puseram Jesus (Jo 19, 40-42).

No fim
Jesus, morto por mim, concedei-me a graça de morrer num ato de perfeita caridade para convosco. Santa Maria, Mãe de Deus, rogai por mim agora e na hora da minha morte. São José, meu Pai e Senhor, alcançai-me que morra com a morte dos justos. Amém.

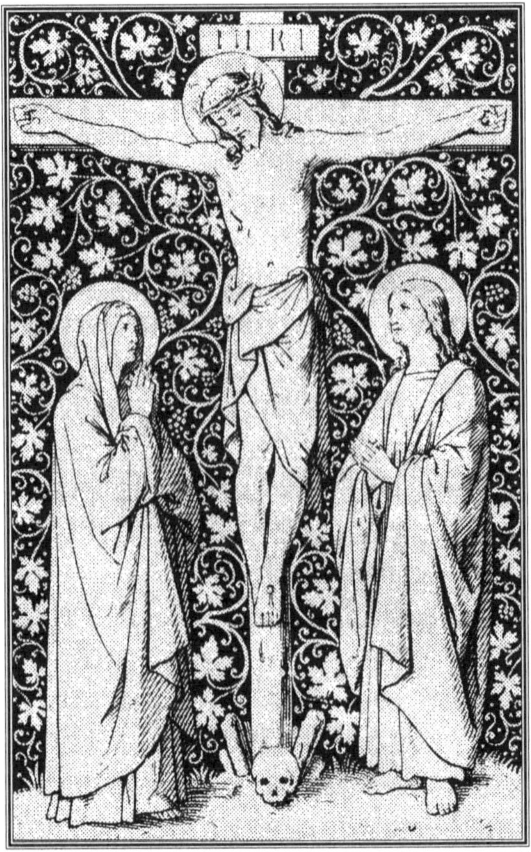
INRI

O Horário da Paixão

Quinta-Feira Santa

Seis da Tarde: Jesus depôs o seu manto, e tomando uma toalha, cingiu-se com ela. Em seguida deitou água em uma bacia, e começou a lavar os pés de seus discípulos e a enxugá-los com a toalha com a qual estava cingido (Jo 13, 4-5). Que humildade!

Às sete, Jesus pôs-se à mesa com os Apóstolos e disse: Desejei ardentemente comer convosco esta Páscoa, antes de sofrer. Depois, instituiu a Eucaristia, dando aos sacerdotes o poder de converter o pão e o vinho no seu Corpo e Sangue preciosísimos (cfr. Lc 22, 14-20). Que Amor!

Às oito, segundo seu costume, foi ao horto das Oliveiras, e orou: *Pai, se quiseres afasta de mim este cálice; não se faça, contudo, a Minha vontade, mas a Tua.* Entrando em agonia, orava mais intensamente. Seu suor tornou-se como gotas de sangue que corriam até a terra (cfr. Lc 22, 39-44). Que perseverança e fervor na oração!

Às nove, Jesus foi preso no horto. Um dos doze, Judas, vinha à frente de um tropel de gente. Aproximou-se de Jesus para O beijar. Jesus disse-lhe: *Judas, com um beijo entregas o Filho do Homem?* (cfr. Lc 22, 47-53). Será que não o entreguei alguma vez?

Às dez, Jesus foi levado à casa do Sumo Sacerdote. No dia de Ramos, tinha entrado de forma triunfal em Jerusalém, e agora estava preso, atado com correntes e abandonado dos seus discípulos (Mc 14, 49-54). Que terrível bofetada lhe deram!

Sexta-Feira Santa

Às quatro da manhã. Durante a noite, Jesus sofreu infinitos escárnios. Muitos depuseram falsamente contra Ele. Alguns começaram a cuspir-lhe, a cobrir-lhe o rosto e a dar-lhe murros. Pedro negou-O três vezes. Todos gritaram que era blasfemo e digno de morte (cfr. Mc 14, 55-72). Que ingratidão!

Às cinco. Levantando-se toda a multidão, levaram-nO manietado a Pilatos. Começaram a acusá-lO de muitas coisas (cfr. Lc 23, 1-5). Com que furor O acusam!

Às seis, por ser galileu, foi levado a Herodes. Este, ao vê-lO, fez-lhe muitas perguntas. Mas Ele não respondeu. Herodes, com os seus guardas, desprezou-O e escarneceu dEle, tratando-O como um louco, mandando vesti-lO com uma túnica branca (cfr. Lc 23, 8-12). Que humildade da Sabedoria infinita!

Às sete, Pilatos interrogou novamente Jesus e ficou admirado: *Não encontrei nEle nenhuma culpa. Quem quereis que eu vos solte? Barrabás ou Jesus, que se chama o Cristo?* O povo prefere Barrabás (cfr. Mt 27, 11-25). Que escolha mais desastrosa!

Às oito, foi levado para ser flagelado. Atado à coluna, foi açoitado, despedaçado com mais de cem fortes açoites (cfr. Jo 19, 1). Que maldade!

Às nove, depois de O terem despido, lançaram sobre Ele um manto escarlate e fincaram-lhe na cabeça uma coroa de espinhos e na mão direita uma cana (cfr. Mt 27, 26-29). Que tormento!

Às dez, Pilatos diz: *Aí tendes o vosso Rei*, mostrando-O ao povo, mas eles gritaram: *Crucifica-O, crucifica-O*. Então, o juiz covarde cedeu e lhes entregou Jesus para que fosse crucificado (cfr. Jo 19, 12-16). Que covardia!

Às onze, saiu com a Cruz às costas. Seguia-O uma grande multidão. E Jesus caiu, uma vez e outra. Encontrou a sua Mãe: que amargura! E para as mulheres que O seguiam: que palavras tão ternas! (cfr. Lc 23, 26-29). *Quem quiser ser meu discípulo...*

Às DOZE, deram-lhe a beber vinho misturado com mirra, mas Ele não o tomou. Tiraram-lhe as vestes e lançaram sortes sobre elas. Cravaram-nO na Cruz (cfr. Mc 15, 23--26). Que ignomínia! Que tormento!

À UMA, rogou por seus verdugos: *Pai, perdoa-lhes, porque não sabem o que fazem*. Depois, ouviu mais insultos e, entretanto, abriu o paraíso para o bom ladrão (cfr. Lc 23, 33-43). Por fim, deu-nos por Mãe a sua própria Mãe (cfr. Jo 19, 25-27). Que bondade! Que generosidade!

Às DUAS, queixou-se amorosamente com seu Pai: *Por que me desamparaste?* (Mc 15, 34-35). Tinha sede, e deram-lhe a beber vinagre (cfr. Jo 19, 29). O que lhe restava sofrer?

Às TRÊS, quando toda a terra estava coberta de trevas, Jesus exclamou em voz alta: *Pai, nas tuas mãos entrego o meu espírito*. Dizendo isto, expirou (Lc 23, 44-46). Morreu por amor a mim!

Às QUATRO, tendo-O descido da Cruz, envolveram-nO num lençol para colocá-lO num sepulcro novo (cfr. Lc 53-54). Que cena tão terna! Quantas lágrimas!

Às CINCO, Jesus estava nos braços de Maria, sua Mãe e nossa Mãe, e vendo sepultado o seu Filho, ela tomava parte na sua dor. Mãe do Salvador, rogai por nós.

Ladainha
do Preciosíssimo Sangue

V. **S**enhor, tende piedade de nós.
R. Senhor, tende piedade de nós.

V. Cristo, tende piedade de nós.
R. Cristo, tende piedade de nós.

V. Senhor, tende piedade de nós.
R. Senhor, tende piedade de nós.

V. Jesus Cristo, ouvi-nos.
R. Jesus Cristo, ouvi-nos.

V. Jesus Cristo, atendei-nos.
R. Jesus Cristo, atendei-nos.

V. Deus Pai dos céus,
R. Tende piedade de nós.

V. Deus Filho, redentor do mundo,
R. Tende piedade de nós.

V. Deus Espírito Santo,
R. Tende piedade de nós.

V. Santíssima Trindade, que sois um só Deus,
R. Tende piedade de nós.

V. **K**ýrie, eléison.
R. Kýrie, eléison.

V. Christe, eléison.
R. Christe, eléison.

V. Kýrie, eléison.
R. Kýrie, eléison.

V. Christe, audi nos.
R. Christe, audi nos.

V. Christe, exáudi nos.
R. Christe, exáudi nos.

V. Pater de caelis, Deus,
R. Miserére nobis.

V. Fili, Redemptor mundi, Deus,
R. Miserére nobis.

V. Spiritus Sancte, Deus,
R. Miserére nobis.

V. Sancta Trinitas, unus Deus,
R. Miserére nobis.

(Repete-se a mesma resposta a partir daqui)

V. Sangue de Cristo, Sangue do Filho Unigênito do Eterno Pai,
R. Salvai-nos.
V. Sangue de Cristo, Sangue do Verbo de Deus encarnado,

Sangue de Cristo, Sangue do Novo e Eterno Testamento,

Sangue de Cristo, correndo pela terra na agonia,

Sangue de Cristo, manando abundante na flagelação,

Sangue de Cristo, gotejando na coroação de espinhos,

Sangue de Cristo, derramado na cruz,

Sangue de Cristo, preço da nossa salvação,

Sangue de Cristo, sem o qual não pode haver Redenção,

Sangue de Cristo, que apagais a sede das almas e as purificais na Eucaristia,

Sangue de Cristo, torrente de misericórdia,

(Hinc similíter respondétur)

V. Sanguis Christi, Unigéniti Patris aetérni,

R. Salva nos.
V. Sanguis Christi, Verbi Dei incarnáti,

Sanguis Christi, Novi et Aetérni Testaménti,

Sanguis Christi, in agonía decúrrens in terram,

Sanguis Christi, in flagellatióne prófluens,

Sanguis Christi, in coronatióne spinárum emánans,

Sanguis Christi, in Cruce effúsus,

Sanguis Christi, prétium nostrae salútis,

Sanguis Christi, sine quo non fit remíssio,

Sanguis Christi, in Eucharístia potus et lavácrum animárum,

Sanguis Christi, flúmen misericórdiae,

V. Sangue de Cristo, vencedor dos demônios,	V. Sanguis Christi, victor dáemonum,
Sangue de Cristo, fortaleza dos mártires,	Sanguis Christi, fortitúdo mártyrum,
Sangue de Cristo, virtude dos confessores,	Sanguis Christi, virtus confessórum,
Sangue de Cristo, que suscitais almas virgens,	Sanguis Christi, gérminans vírgines,
Sangue de Cristo, força dos tentados,	Sanguis Christi, róbur periclitántium,
Sangue de Cristo, alívio dos que sofrem,	Sanguis Christi, levámen laborántium,
Sangue de Cristo, consolação dos que choram,	Sanguis Christi, in fletu solátium,
Sangue de Cristo, esperança dos penitentes,	Sanguis Christi, spes paeniténtium,
Sangue de Cristo, conforto dos moribundos,	Sanguis Christi, solámen moriéntium,
Sangue de Cristo, paz e doçura dos corações,	Sanguis Christi, pax et dulcédo córdium,
Sangue de Cristo, penhor de eterna vida,	Sanguis Christi, pignus vitae aetérnae,
Sangue de Cristo, que libertais as almas do Purgatório,	Sanguis Christi, ánimas líberans de lacu Purgatórii,
Sangue de Cristo, digno de toda a honra e glória,	Sanguis Christi, omni glória et honóre digníssimus,
V. Cordeiro de Deus, que tirais os pecados do mundo,	V. Agnus Dei, qui tollis peccáta mundi,
R. Perdoai-nos, Senhor.	R. Parce nobis, Dómine.

V. Cordeiro de Deus, que tirais os pecados do mundo,
R. Ouvi-nos, Senhor.

V. Cordeiro de Deus, que tirais os pecados do mundo,
R. Tende piedade de nós, Senhor.

V. Remistes-nos, Senhor com o vosso Sangue.
R. E fizestes de nós um reino para o nosso Deus.

Oremos: Deus eterno e todo-poderoso, que constituístes o vosso Unigênito Filho, Redentor do mundo, e quisestes ser aplacado com o seu Sangue, concedei-nos a graça de venerar o preço da nossa salvação e de encontrar, na virtude que Ele contém, defesa contra os males da vida presente, de tal modo que eternamente gozemos dos seus frutos no Céu. Pelo mesmo Jesus Cristo, Senhor Nosso.
R. Amém.

V. Agnus Dei, qui tollis peccata mundi,
R. Exáudi nos, Dómine.

V. Agnus Dei, qui tollis peccáta mundi,
R. Miserére nobis, Dómine.

V. Redemísti nos, Dómine, in sánguine tuo.
R. Et fecísti nos Deo nostro regnum.

Orémus: Omnípotens sempitérne Deus, qui unigénitum Fílium tuum mundi Redemptórem constituísti, ac eius sánguine placári voluísti: concéde, quáesumus, salútis nostrae prétium ita venerári, atque a praeséntis vitae malis eius virtúte deféndi in terris, ut fructu perpétuo laetémur in caelis. Per eúndem Christum Dóminum nostrum.
R. Ámen

JACULATÓRIAS

Jesus, Filho do Deus vivo, tende piedade de mim, que sou pecador.

Senhor Jesus, Filho de Deus, tende piedade de mim, que sou pecador.

Cristo vence! Cristo reina! Cristo impera!

Tu és o Cristo, Filho de Deus vivo.

Senhor, Tu sabes tudo, Tu sabes que eu Te amo.

Senhor, se quiseres, podes limpar-me.

Iesu, Fili Dei vivi, miserére, mei peccatóris.

Dómine Iesu, Fili Dei, miserére mei peccatóris.

Christus vincit! Christus regnat! Christus ímperat!

Tu es Christus, Fílius Dei vivi.

Dómine, tu ómnia nosti; tu scis quia amo te.

Dómine, si vis, potes me mundáre.

VI. ORAÇÕES A DEUS ESPÍRITO SANTO

VINDE, ESPÍRITO SANTO

Vinde, Espírito Santo, enchei os corações dos vossos fiéis e acendei neles o fogo do vosso amor.
V. Enviai o vosso Espírito e tudo será criado.
R. E renovareis a face da terra.

Oremos: Ó Deus, que instruístes os corações dos vosso fiéis com a luz do Espírito Santo, concedei-nos amar, no mesmo Espírito, o que é reto, e gozar sempre a sua consolação. Por Cristo, Senhor Nosso. Amém.

Veni, Sancte Spíritus, reple tuórum corda fidélium, et tui amóris in eis ignem accénde.
V. Emítte Spirítum tuum et creabúntur;
R. Et renovábis fáciem terrae.

Orémus: Deus, qui corda fidélium Sancti Spíritus illustratióne docuísti: da nobis in eódem Spíritu recta sápere, et de eius semper consolatióne gaudére. Per Christum Dóminum nostrum. Ámen.

VENI CREÁTOR

Vinde, Espírito Criador, visitai as almas dos vossos fiéis; enchei de graça celestial os corações que Vós criastes.

Veni, Creátor Spíritus, mentes tuórum visita, imple supérna grátia quae tu creásti péctora.

Vós, chamado o Consolador, dom do Deus altíssimo, fonte viva, fogo, caridade e unção espiritual.	Qui díceris Paráclitus, altíssimi donum Dei, fons vivus, ignis, cáritas, et spiritális únctio.
Vós, com vossos sete dons, sois força da destra de Deus; Vós, o prometido pelo Pai, ditai-nos os gemidos da oração.	Tu, septifórmis múnere, dígitus patérnae déxterae, Tu rite promíssum Patris, sermóne dictans gúttura.
Acendei a vossa luz em nossas almas, infundi o vosso amor em nossos corações; e a fraqueza da nossa carne, fortalecei-a com perpétua força.	Accénde lúmen sénsibus: infúnde amórem córdibus: infírma nostri córporis virtúte firmans pérpeti.
O inimigo, afugentai-o para longe; dai-nos quanto antes a paz; tendo-Vos por guia e condutor, venceremos todos os perigos.	Hóstem repéllas lóngius, pacémque dones prótinus: ductóre sic te práevio vitémus omne nóxium.
Por Vós conheçamos o Pai, e também o Filho: e que em Vós, Espírito de ambos, acreditemos em todo tempo.	Per te sciámus da Patrem, noscámus atque Fílium; Teque utriúsque Spíritum credámus omni témpore.
Glória a Deus Pai, ao Filho que ressuscitou, e ao Espírito Santo Consolador, pelos séculos dos séculos. Amém.	Deo Patri sit glória, et Fílio, qui a mórtuis surréxit, ac Paráclito, in saeculórum sáecula. Ámen.

Veni Creátor

1. Ve-ni, Creátor Spíritus, mentes tuórum vísita, imple supérna grátia quae tu creásti péctora. *2.* Qui díceris Paráclitus donum Dei altíssimi, fons vivus, ignis, cáritas, et spiritális únctio. *3.* Tu septifórmis múnere, dígitus Patérne déxtere, Tu rite promíssum Patris, sermóne ditans gúttura. *4.* Accénde lúmen sénsibus, Infúnde amórem córdibus, infírma nostri córporis virtúte fírmans pérpeti.

5. Hostem repéllas lóngius, pacémque dones prótinus; ductóre sic te práevio vitémus omne nóxium. 6. Per te sciámus da Pátrem, noscámus atque Fílium, te utriúsque Spíritum credámus omni témpore. 7. Deo Patri sit glória et fílio quia a mórtuis surréxit, ac Paráclito in saeculórum sáecula. Ámen.

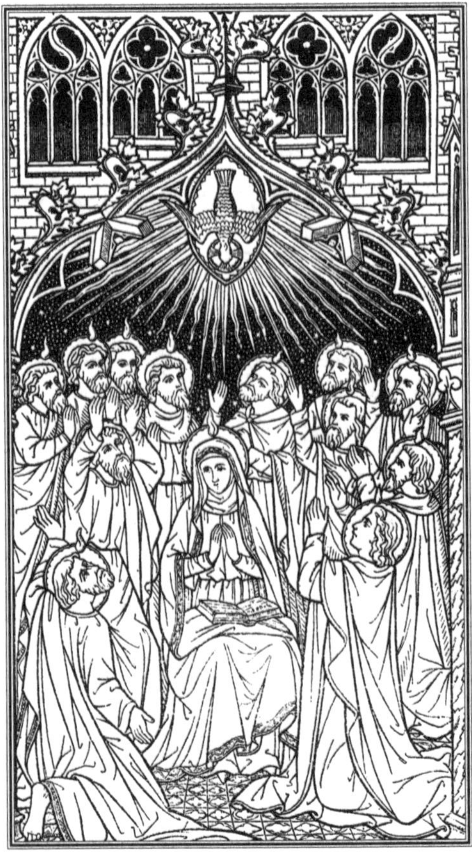

Sequência do Espírito Santo

1. **V**inde, Espírito Santo,
e enviai do céu
um raio da vossa luz.

2. Vinde, pai dos pobres;
vinde, doador de graças;
vinde, luz dos corações.

3. Consolador ótimo,
doce hóspede da alma,
doce refrigério.

4. Descanso no trabalho,
no ardor tranquilidade,
consolo no pranto.

5. Ó luz santíssima!,
enchei o mais íntimo
dos corações dos vossos fiéis.

6. Sem a vossa ajuda,
nada há no homem,
nada que seja inocente.

7. Lava o que está sujo,
rega o que é árido,
cura que está doente.

8. Dobra o que é rígido
aquece o que está frio,
dirige o que está desviado.

9. Concedei a vossos fiéis,
que em Vós confiam,
vossos sete sagrados dons.

---

1. **V**eni, Sancte Spíritus,
et emítte cáelitus
lucis tuae rádium.

2. Veni, pater páuperum,
veni, dator múnerum,
veni, lúmen córdium.

3. Consolátor óptime,
dulcis hospes ánimae,
dulce refrigérium.

4. In labóre réquies,
in aestu tempéries
in fletu solátium.

5. O lux Beatíssima,
reple cordis íntima
tuórum fidélium.

6. Sine tuo númine,
nihil est in hómine,
nihil est innóxium.

7. Lava quod est sórdidum,
riga quod est áridum,
sana quod est sáucium.

8. Flecte quod est rígidum,
fove quod est frígidum,
rege quod est dévium.

9. Da tuis fidélibus,
in te confidéntibus,
sacrum septenárium.

10. Dai o mérito da virtude, dai o porto da salvação, dai a eterna alegria.	10. Da virtútis méritum, da salútis éxitum, da perénne gáudium.

Oração ao Espírito Santo

São Josemaría Escrivá

Vem, ó Santo Espírito!: ilumina o meu entendimento para conhecer os teus mandatos; fortalece o meu coração contra as insídias do inimigo; inflama a minha vontade... Ouvi a tua voz e não quero endurecer-me e resistir, dizendo: depois..., amanhã. *Nunc coepi!* Agora!, não aconteça que o amanhã me falte.

Ó Espírito de verdade e de sabedoria, Espírito de entendimento e de conselho, Espírito de alegria e de paz!: quero o que queres, quero porque o queres, quero como o queres, quero quando o quiseres...

Jaculatórias

Ó Santo Espírito, doce hóspede da alma, permanece comigo e faz com que eu permaneça sempre contigo.	O Sancte Spíritus, dulcis hospes ánimae meae, mane mecum et fac ut mánem semper tecum.
Purificai, Senhor, com o fogo do Espírito Santo as nossas entranhas e o nosso coração.	Ure igne Sancti Spíritus renes nostros et cor nostrum, Dómine.

VII. DEVOÇÕES EUCARÍSTICAS

Visita ao Santíssimo Sacramento

V. **G**raças e louvores se dêem a todo momento.

R. Ao Santíssimo e Diviníssimo Sacramento.

Pai Nosso, Ave Maria, Glória (3 vezes)

V. **A**dorémus in aetérnum Sanctíssimum Sacraméntum.

R. Adorémus in aetérnum Sanctíssimum Sacraméntum.

Pater Noster, Ave María, Glória Patri (tris)

Comunhão espiritual: Eu quisera, Senhor, receber-Vos com aquela pureza, humildade e devoção com que Vos recebeu a vossa Santíssima Mãe, com o espírito e o fervor dos santos.

ou

Comunhão espiritual: Meu Jesus, eu creio que estais presente no Santíssimo Sacramento. Amo-Vos sobre todas as coisas e minha alma suspira por Vós, mas, como não posso receber-Vos agora, no Santíssimo Sacramento, vinde ao menos espiritualmente a meu coração. Abraço-me convosco como se já estivésseis comigo; uno-me convosco inteiramente. Ah! não permitais que eu algum dia me separe de Vós. Ó Jesus, sumo bem e doce amor meu, inflamai meu coração, a fim de que esteja para sempre abrasado em vosso Amor. Amém. *(S. Afonso de Ligório)*

BÊNÇÃO COM O SANTÍSSIMO SACRAMENTO

PANGE LINGUA

Canta, minha língua este mistério do corpo glorioso e do sangue precioso que, do fruto de um ventre generoso o Rei das nações derramou como preço da redenção do mundo.

Pange, lingua, gloriósi córporis mystérium, Sanguinísque pretiósi, quem in mundi prétium fructus ventris generósi rex effúdit Géntium.

PANGE LINGUA

Pan-ge, lin-gua, glo-ri-ó-si cór-po-ris mys-té-ri-um, San-gui-nís-que pre-ti-ó-si, quem in mun-di pré-ti-um fruc-tus ven-tris ge-ne-ró-si Rex ef-fú-dit gén-ti-um.

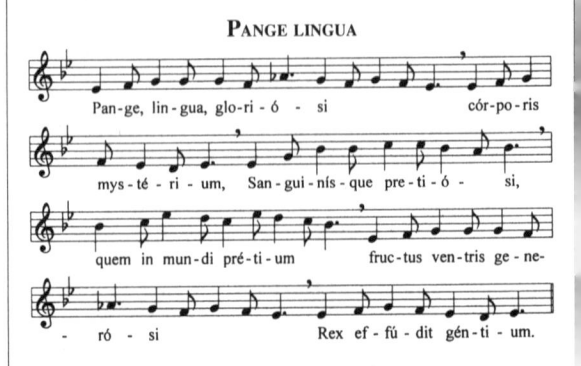

V. Graças e louvores se deem a todo momento.

R. Ao Santíssimo e Diviníssimo Sacramento.

Pai Nosso, Ave Maria, Glória (3 vezes).

V. Adorémus in aetérnum Sanctíssimum Sacraméntum.

R. Adorémus in aetérnum Sanctíssimum Sacraméntum.

Pater Noster, Ave María, Glória Patri (tris)

Comunhão espiritual: Eu quisera, Senhor, receber-Vos com aquela pureza, humildade e devoção com que Vos recebeu a vossa Santíssima Mãe, com o espírito e o fervor dos santos.

TANTUM ERGO

Tão grande sacramento humildemente adoremos. Da antiga Lei as figuras cedam ao novo rito. Sirva a fé de suplemento à fraqueza dos sentidos.	**T**antum ergo Sacraméntum venerémur cérnui: et antíquum documéntum novo cedat rítui: práestet fides suppleméntum sénsuum deféctui.
Ao Pai e ao Filho, seja dado louvor e júbilo, saudação, honra, virtude assim como a bênção. Ao que de ambos procede [o Espírito Santo] os mesmos louvores demos. Amém.	Genitóri, Genitóque laus et iubilátio, salus, hónor, virtus quoque sit et benedíctio: procedénti ab utróque compar sit laudátio. Ámen.

TANTUM ERGO

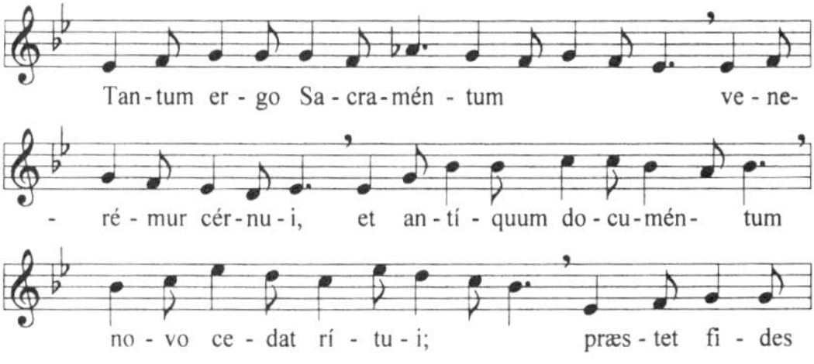

Tantum ergo Sacraméntum venerémur cérnui, et antíquum documéntum novo cedat rítui; præstet fides

sup-ple-mén-tum sén-su-um de-féc-tu-i. Ge-ni-tó-ri Ge-ni-tó-que laus et ju-bi-lá-ti-o, sa-lus, ho-nor, vir-tus quo-que sit et be-ne-díc-ti-o; pro-ce-dén-ti ab u-tró-que com-par sit lau-dá-ti-o. A-men.

V. Do céu lhes destes o pão. (*T.P. Aleluia*)
R. Que contém todo sabor. (*T.P. Aleluia*)

Oremos: Deus, que neste admirável sacramento nos deixastes o memorial da vossa Paixão, dai-nos venerar com tão grande amor o mistério do vosso Corpo e do vosso Sangue, que

V. Panem de caelo praestitísti eis. (*T.P. Allelúia*)
R. Omne delectaméntum in se habéntem. (*T.P. Allelúia*)

Orémus: Deus, qui nobis sub sacraménto mirábili, passiónis tuae memóriam reliquísti: tríbue, quáesumus, ita nos córporis et sanguínis tui sacra mystéria venerári, ut redemp-

possamos colher continuamente os frutos da vossa Redenção. Vós que viveis e reinais por todos os séculos dos séculos. R. Amém.

tiónis tuae fructum in nobis íugiter sentiámus. Qui vivis et regnas in sáecula saeculórum. R. Ámen.

Oração pela Igreja, pelo Santo Padre e pela Pátria

Deus e Senhor Nosso, protegei a vossa Igreja, dai-lhe santos Pastores e dignos Ministros. Derramai as vossas bênçãos sobre o nosso Santo Padre o Papa; sobre o nosso Bispo (Cardeal-Arcebispo, Arcebispo) (e seu(s) Bispo(s) Auxiliar(es)), sobre o nosso Pároco, sobre todo o Clero; sobre o Chefe da Nação (e o do Estado), e sobre todas as pessoas constituídas em dignidade, para que governem com justiça. Dai ao povo brasileiro paz constante e prosperidade completa. Favorecei, com os efeitos contínuos da vossa bondade, o Brasil, este Bispado, a Paróquia em que habitamos, cada um de nós em particular, e todas as pessoas por quem somos obrigados a orar, ou que se recomendaram às nossas orações. Tende misericórdia das almas dos fiéis que padecem no Purgatório. Dai-lhes, Senhor, o descanso e a luz eterna.

Bendito seja Deus.
Bendito seja o seu Santo Nome.
Bendito seja Jesus Cristo, verdadeiro Deus e verdadeiro homem.

Benedíctus Deus.
Benedíctum Nómen Sanctum eius.
Benedíctus Iesus Christus, verus Deus et verus homo.

Bendito seja o Nome de Jesus.	Benedíctum Nomen Iesu.
Bendito seja o seu Sacratíssimo Coração.	Benedíctum Cor eius sacratíssimum.
Bendito seja o seu preciosíssimo Sangue.	Benedíctus Sanguis eius pretiosíssimus.
Bendito seja Jesus no Santíssimo Sacramento do Altar.	Benedíctus Iesus in sanctíssimo altáris Sacraménto.
Bendito seja o Espírito Santo Paráclito.	Benedíctus Sanctus Spíritus Paráclitus.
Bendita seja a grande Mãe de Deus, Maria Santíssima.	Benedícta excélsa Mater Dei, María sanctíssima.
Bendita seja a sua santa e Imaculada Conceição.	Benedícta sancta eius et immaculáta Concéptio.
Bendita seja sua gloriosa Assunção.	Benedícta eius gloriósa Assúmptio.
Bendito seja o nome de Maria, Virgem e Mãe.	Benedíctum nómen Maríae, Vírginis et Matris.
Bendito seja São José, seu castíssimo Esposo.	Benedíctus sanctus Ioseph, eius castíssimus Sponsus.
Bendito seja Deus nos seus Anjos e nos seus santos. Amém.	Benedíctus Deus in Ángelis suis, et in Sanctis suis. Ámen.

Laudáte Dóminum

Povos, louvai o Senhor: louvai-o todas as gentes porque a sua misericórdia	Laudáte Dóminum omnes gentes: laudáte eum omnes pópuli: quoniam con-

se confirmou em nós; e a verdade do Senhor é eterna.

Glória ao Pai, ao Filho, e ao Espírito Santo. Como era no princípio, agora e sempre. Amém.

firmáta est super nos misericórdia eius; et véritas Dómini manet in aetérmum.

Glória Patri, et Fílio, et Spirítui Sancto. Sicut erat in princípio, et nunc, et semper, et in sáecula saeculórum. Ámen.

LAUDÁTE DÓMINUM

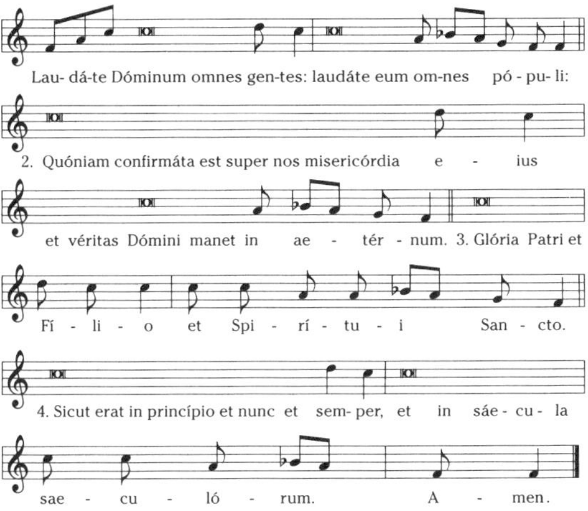

Lau- dá-te Dóminum omnes gen-tes: laudáte eum om-nes pó - pu- li:

2. Quóniam confirmáta est super nos misericórdia eius

et véritas Dómini manet in ae - tér - num. 3. Glória Patri et

Fī - li - o et Spi - rí - tu - i San - cto.

4. Sicut erat in princípio et nunc et sem- per, et in sáe-cu- la

sae - cu - ló - rum. A - men.

Adoro Te Devote

Um dos cinco belíssimos hinos de São Tomás de Aquino (1225-1274) composto em honra de Jesus Sacramentado a pedido do Papa Urbano IV (1261-1264) para a Festa de Corpus Christi, instituída em 1264.

1. Adoro-Vos com devoção, Deus escondido, que sob estas aparências estais presente. A Vós se submete meu coração por inteiro, e ao contemplar-Vos se rende totalmente.

2. A vista, o tato, o gosto sobre Vós se enganam, mas basta o ouvido para crer com firmeza. Creio em tudo o que disse o Filho de Deus; nada mais verdadeiro que esta palavra de verdade.

3. Na Cruz estava oculta a divindade, mas aqui se esconde também a humanidade; creio, porém, e confesso uma e outra, e peço o que pediu o ladrão arrependido.

4. Não vejo as chagas, como Tomé as viu, mas con-

1. Adóro te devóte, latens Déitas, quae sub his figúris vere látitas: tibi se cor meum totum súbiicit, quia te contémplans totum déficit.

2. Visus, tactus, gustus in te fállitur, sed audítu solo tuto créditur; credo quidquid dixit Dei Fílius: nil hoc verbo veritátis vérius.

3. In cruce latébat sola Déitas, at hic latet simul et humánitas; ambo tamen crédens atque cónfitens, peto quod petívit latro póenitens.

4. Plagas, sicut Thomas, non intúeor; Deum tamen

fesso que sois o meu Deus. Fazei que eu creia mais e mais em Vós, que em Vós espere, que Vos ame.

5. Ó memorial da morte do Senhor! Ó Pão vivo que dais a vida ao homem! Que a minha alma sempre de Vós viva, que sempre lhe seja doce o vosso sabor.

6. Bom pelicano, Senhor Jesus! Limpai-me a mim, imundo, com o vosso Sangue, Sangue do qual uma só gota pode salvar do pecado o mundo inteiro.

7. Jesus, a quem agora contemplo escondido, rogo-Vos se cumpra o que tanto desejo: que, ao contemplar-Vos face a face, seja eu feliz vendo a vossa glória. Amém

meum te confíteor; fac me tibi semper magis crédere, in te spem habére, te dilígere.

5. O memoriále mortis Dómini! Panis vivus, vitam práestans hómini! Praesta meae menti de te vívere et te illi semper dulce sápere.

6. Pie pellicáne, Iesu Dómine, me immúndum munda tuo sánguine; cuius una stilla salvum fácere totum mundum quit ab omni scélere.

7. Iesu, quem velátum nunc aspício, oro fiat illud quod tam sítio; ut te reveláta cernens fácie, visu sim beátus tuae glóriae. Ámen.

ADORO TE DEVOTE

A-dó-ro te de-vó-te, latens Dé-i-tas, quæ sub his fi-gú-ris ve-re lá-ti-tas: ti-bi se cor me-um to-tum súb-ii-cit, qui-a te con-tém-plans to-tum dé-fi-cit.

Ví-sus, tác-tus, gús-tus in te fál-li-tur, sed au-dí-tu só-lo tu-to cré-di-tur: cré-do quid-quid dí-xit Dé-i Fí-li-us: nil hoc vér-bo ve-ri-tá-tis vé-ri-us. In crú-ce la-té-bat só-la Dé-i-tas, at hic lá-tet si-mul et hu-má-ni-tas: am-bo ta-men crédens atque cónfitens, péto quod petívit látro pœniténs. Plágas, sicut Thómas, non intúeor: Déum tamen méum te confíteor: fac me tíbi semper magis crédere, in te spem habére, te dilígere. O memoriále mórtis Dómini! Pánis vivus vítam præstans hómini! Præsta mé- æ ménti de te vívere, et te ílli semper dúlce sápere. Píe pellicáne, Iésu Dómine, me immúndum

múnda túo sánguine: cúius úna stilla sálvum

fácere tótum múndum quit ab ómni scélere.

Iésu, quem veláttum nunc aspícío, oro fíat

illud quod tam sítío: ut te reveláta cérnens

fácie, vísu sim beátus túæ glóriæ.

A- men.

Ave Verum

Ave, ó verdadeiro Corpo nascido da Virgem Maria.
Que verdadeiramente padeceu e foi imolado na Cruz pelo homem.
De seu lado transpassado fluiu água e sangue.

Ave verum Corpus nátum de María Vírgine:
vere pássum, immolátum in cruce pro hómine:

Cuius látus perforátum flúxit áqua et sánguine:

Sede por nós o penhor no momento da morte. Ó doce Jesus! Ó bom Jesus! Ó Jesus filho de Maria.	Esto nobis praegustatum mortis in examine. O Iesu dúlcis! O Iesu píe! O Iesu Fíli Maríae.

AVE VERUM

A- ve vérum Córpus nátum de María Vírgine:
vere pássum, immolátum in Cruce pro hómine.
Cúius látus perforátum flúxit áqua et sánguine. Esto nóbis praegustátum mórtis in exámine. O Iésu dúlcis! O Iésu píe! O Iésu fíli Maríae.

O SALUTÁRIS HÓSTIA

Ó Hóstia salutar,
que abres a porta do céu.
Guerras hostis ameaçam-nos:
dá-nos força e auxílio.

Seja sempre dada glória
ao Senhor Uno e Trino:
que nos dê uma vida
sem termo na Pátria.
Amém.

O salutáris Hóstia,
quae caeli pandis óstium,
bella prémunt hostília;
da robur, fer auxílium.

Uni trinóque Dómino
sit sempitérna glória:
qui vitam sine término,
nobis donet in pátria.
Ámen.

O SALUTÁRIS HÓSTIA

O sa-lu-tá-ris Hós-ti-a, quæ cæ-li pán-dis ós-ti-um,

bél-la pré-munt hos-tí-li-a, da ró-bur, fer au-xí-li-um.

U-ni-tri-nó-que Dó-mi-no sit sem-pi-tér-na gló-ri-a,

qui ví-tam si-ne tér-mi-no nó-bis dó-net in pá-tri-a.

A- men.

Quinze minutos em companhia de Jesus Sacramentado

De autor anônimo, este guia de reflexão aparece em muitos devocionários.

Não é necessário, meu filho, saber muito para agradar-me muito, basta que me ames com fervor. Fala-me, pois, com simplicidade, como falarias com o mais íntimo dos teus amigos ou como falarias com a tua mãe ou com o teu irmão.

I. Precisas pedir-me alguma coisa em favor de alguém? Diz-me o seu nome, quer seja o dos teus pais, quer o dos teus irmãos e amigos; diz-me em seguida o que quererias que Eu fizesse em favor deles hoje.

Pede muito, muito; não deixes de pedir, agradam-me os corações generosos, que chegam a esquecer-se de si próprios para atender às necessidades alheias.

Fala-me com simplicidade, com franqueza, a respeito dos pobres que queres consolar; dos doentes que vês padecer; dos extraviados que desejas reconduzir ao bom caminho; dos amigos ausentes que queres ver novamente ao teu lado. Diz-me por todos uma palavra de amigo, entranhável e fervorosa.

Recorda-te que prometi ouvir toda súplica que sair do coração. E não terá saído do coração o pedido que me dirigires por aqueles que o teu coração ama mais especialmente?

II. E para ti, não necessitas também de alguma graça? Se quiseres, faz uma lista das tuas necessidades e lê-a na minha presença. Diz-me francamente que sentes em ti soberba, amor à sensualidade e ao conforto, que talvez sejas egoísta, inconstante, negligente... E pede-me depois que venha em auxílio dos esforços que fazes, poucos ou muitos, para afastar de ti tais misérias.

Não te envergonhes. No céu há tantos e tantos justos, tantos santos de primeira ordem, que tiveram esses mesmos defeitos! Mas pediram com humildade..., e pouco a pouco viram-se livres deles.

E também não duvides em pedir-me bens espirituais e temporais: saúde, memória, bom êxito nos teus trabalhos, negócios ou estudos; tudo isso posso dar-te e o dou, e desejo que me peças, desde que não se oponha, mas sim favoreça e ajude a tua santificação. Para já, de que precisas? Que posso fazer para o teu bem? Se soubesses como desejo favorecer-te! Tens no momento algum projeto entre mãos? Conta-me tudo minuciosamente. O que te preocupa? Em que pensas? O que desejas?

E por mim? Não sentes desejos da minha glória? Não quererias poder fazer algum bem ao teu próximo, aos teus amigos, àqueles a quem amas muito e que talvez vivam esquecidos de mim? Diz-me o que mais te preocupa hoje, o que desejas mais vivamente e com que meios contas para consegui-lo.

Diz-me se os teus empreendimentos não saem bem, e Eu te direi as causas do teu fracasso. Não quererias que me interessasse um pouco em teu favor? Meu filho, sou dono dos corações e conduzo-os docemente, sem ferir a sua liberdade, para onde me apraz.

III. **Por acaso** sentes tristeza ou mau humor? Conta-me, alma desconsolada, as tuas tristezas com todos os pormenores. Quem te feriu? Quem ofendeu o teu amor-próprio? Quem te desprezou?

Aproxima-te do meu Coração, que tem um remédio eficaz para curar todas as feridas do teu. Conta-me tudo, e acabarás em breve por dizer-me que, para imitar-me, perdoas tudo, esqueces tudo, e como prêmio receberás a minha bênção consoladora. Porventura tens medo? Sentes em tua alma aquelas vagas melancolias, que, mesmo que possam ser infundadas, nem por isso são menos angustiantes? Lança-te nos braços da minha Providência. Estou contigo: aqui, tu me tens a teu lado; vejo tudo, ouço tudo, não te desamparo em nenhum momento.

Sentes indiferença da parte de pessoas que pouco antes te queriam bem, e agora, esquecidas, se afastam de ti, sem que lhes tenhas dado o menor motivo? Roga por elas e Eu farei com que voltem para teu lado, se não forem obstáculo à tua santificação.

IV. **E não** tens alguma alegria e consolação que queiras comunicar-me? Por que não me tornas participante delas, como bom amigo teu?

Conta-me o que te consolou e fez como que sorrir o teu coração desde ontem, desde a última visita que me fizeste. Talvez tenhas tido surpresas agradáveis, talvez tenhas visto dissiparem-se uns negros receios, talvez tenhas recebido notícias alegres, alguma carta ou sinal de carinho, ou então venceste alguma dificuldade, saíste bem de um apuro. Tudo isto é obra minha, e Eu dispus isso em teu favor; por que não hás de manifestar-me a tua gratidão por isto e dizer-me simplesmente como um filho ao seu pai: obrigado, meu pai, infinitamente obrigado? O agradecimento traz consigo novos benefícios, porque agrada ao benfeitor ver-se correspondido.

V. **Não terás** também alguma promessa a fazer-me? Leio, já sabes, no fundo do teu coração. Os homens são enganados facilmente, mas Deus não; fala-me, pois, com toda a sinceridade. Tens a firme resolução de não te expores mais àquela ocasião de pecado? De te privares daquele objeto que te prejudicou? De não leres mais aquele livro que avivou a tua imaginação? De não tratares mais com aquela pessoa que perturbou a paz da tua alma?... Voltarás a ser mais amável e condescendente com aquela outra, que até hoje consideras como tua inimiga só porque uma vez não te serviu?

Pois bem, meu filho, volta às tuas ocupações de costume, ao trabalho, à família, ao estudo... Mas não esqueças os quinze minutos de grata conversação que tivemos aqui, nós dois, na solidão do santuário...

Sempre que puderes guarda silêncio, modéstia, recolhimento, resignação e caridade com o próximo. Ama a minha Mãe, que também é tua Mãe, e volta outra vez amanhã, com o coração mais amoroso ainda, mais entregue ao meu serviço. No meu encontrarás, a cada dia, novo amor, novos benefícios, novas consolações.

VIII. ORAÇÕES PARA ANTES E DEPOIS DA MISSA

Orações para antes da Missa

Oração de Santo Ambrósio

Senhor Jesus Cristo, eu, pecador, não presumindo dos meus próprios méritos, mas confiando na vossa bondade e misericórdia, temo entretanto e hesito em aproximar-me da mesa do vosso doce convívio. Pois meu corpo e meu coração estão manchados por muitas faltas, e não guardei com cuidado o meu espírito e a minha língua. Por isso, ó bondade divina e temível majestade, na minha miséria recorro a Vós, fonte de misericórdia; corro para junto de Vós a fim de ser curado, refugio-me na vossa proteção, e anseio ter como Salvador Aquele que não posso suportar como Juiz. Senhor, eu Vos mostro as minhas chagas e

Ad mensam dulcíssimi convívii tui, pie Dómine Iesu Christe, ego peccátor de própriis meis méritis nihil praesúmens, sed de tua cónfidens misericórdia et bonitáte, accédere véreor et contremísco. Nam cor et corpus hábeo multis crimínibus maculátum, mentem et linguam non caute custodítam. Ergo, o pía Déitas, o treménda maiéstas, ego miser, inter angústias deprehénsus, ad te fontem misericórdiae recúrro, ad te festíno sanándus, sub tuam protectiónem fúgio; et quem Iudícem sustinére néqueo, Salvatórem habére suspíro. Tibi, Dómine, plagas meas osténdo, tibi verecúndiam meam détego. Scio peccáta mea multa et

Vos revelo a minha vergonha. Sei que são grandes e muitos os meus pecados, e temo por causa deles, mas espero na vossa infinita misericórdia.

Olhai-me com os olhos da vossa misericórdia, Senhor Jesus Cristo, Rei eterno, Deus e homem, crucificado por todos os homens. Ouvi-me, pois espero em Vós; Vós que sois fonte inesgotável de perdão, tende piedade das minhas misérias e pecados. Salve, Vítima salvadora, oferecida no patíbulo da Cruz por mim e por todos os homens. Salve, nobre e precioso Sangue, que brotas das chagas do meu Senhor Jesus Cristo crucificado e lavas os pecados do mundo inteiro.

Lembrai-Vos, Senhor, da vossa criatura resgatada por vosso Sangue. Arrependo-me de ter pecado, desejo reparar o que fiz. Livrai-me, ó Pai clementíssimo, de todas as minhas

magna, pro quibus tímeo; spero in misericórdias tuas, quarum non est númerus.

Réspice ergo in me óculis misericórdiae tuae, Dómine, Iesu Christe, Rex Aetérne, Deus et homo, crucifíxus propter hóminem. Exáudi me sperántem in te; miserére mei pléni misériis et peccátis, tu qui fontem miseratiónis numquam manáre cessábis. Salve, salutáris víctima, pro me et ómnia humáno génere in patíbulo Crucis obláta. Salve, nóbilis, et pretióse sanguis, de vulnéribus crucifíxi Dómini mei Iesu Christi prófluens, et peccáta totus mundi ábluens.

Recordáre, Dómine, creatúrae tuae, quam tuo Sánguine redemísti. Páenitet me peccásse, cupio emendáre quod feci. Aufer ergo a me, clementíssime Pater, omnes iniquitátes et peccáta mea; ut, purificátus mente et córpore, digne

iniquidades e pecados, para que, inteiramente purificado, mereça participar dos Santos Mistérios. E concedei que o vosso Corpo e o vosso Sangue, que eu, embora indigno, me preparo para receber, sejam perdão para os meus pecados e completa purificação de minhas faltas. Que eles afastem de mim os maus pensamentos e despertem os bons sentimentos; tornem eficazes as obras que Vos agradam, e protejam meu corpo e minha alma contra as ciladas dos meus inimigos. Amém.

degustáre mérear Sancta sanctórum. Et concéde, ut haec sancta praelibátio Córporis et Sánguinis tui, quam ego indígnus súmere inténdo, sit peccatórum meórum remíssio, sit delictórum perfecta purgátio, sit turpium cogitatiónem effugátio ac bonórum sénsuum regenerátio, operúmque tibi placéntium salúbris efficácia, ánimae quoque et córporis contra inimicórum meórum insídias firmíssima tuítio. Ámen.

Oração de São Tomás de Aquino

Deus eterno e todo-poderoso, eis que me aproximo do sacramento do vosso

Omnípotens sempitérne Deus, ecce accédo ad sacraméntum unigéniti Fílii

Filho único, Nosso Senhor Jesus Cristo. Impuro, venho à fonte da misericórdia; cego, à luz da eterna claridade; pobre e indigente, ao Senhor do céu e da terra. Imploro, pois, a abundância da vossa liberalidade, para que Vos digneis curar a minha fraqueza, lavar as minhas manchas, iluminar a minha cegueira, enriquecer a minha pobreza, vestir a minha nudez. Que eu receba o Pão dos Anjos, o Rei dos reis e o Senhor dos senhores, com o respeito e a humildade, a contrição e a devoção, a pureza e a fé, o propósito e a intenção que convêm à salvação da minha alma. Dai-me que receba não só o sacramento do Corpo e do Sangue do Senhor, mas também o seu efeito e a sua força. Ó Deus de mansidão, fazei-me acolher com tais disposições o Corpo que o vosso Filho único, Nosso Senhor Jesus

tui, Dómini nostri, Iesu Christi; accédo tamquam infírmus ad médicum vitae, immúndus ad fontem misericórdiae, caecus ad lúmen claritátis aetérnae, pauper et egénus ad Dóminum caeli et terrae. Rogo ergo imménsae largitátis tuae abundántiam, quaténus meam curáre dignéris infirmitátem, laváre foeditátem, illumináre caecitátem, ditáre paupertátem, vestíre nuditátem; ut panem Angelórum, Regem regum et Dóminum dominántium, tanta suscípiam reveréntia et humilitáte, tanta contritióne et devotióne, tanta puritáte et fide, tali propósito et intentióne, sicut éxpedit salúti ánimae meae. Da mihi, quaeso, Domínici Córporis et Sánguinis non solum suscípere sacraméntum, sed étiam rem et virtútem sacraménti. O mitíssime Deus, da mihi Corpus unigéniti Fílii tui, Dómini nostri, Iesu Chris-

Cristo, recebeu da Virgem Maria, que seja incorporado ao seu Corpo Místico e contado entre os seus membros. Ó Pai cheio de amor, fazei que, recebendo agora o vosso Filho sob o véu do sacramento, possa na eternidade contemplá-lO face a face. Vós, que viveis e reinais na unidade do Espírito Santo, por todos os séculos dos séculos. Amém.

ti, quod traxit de Vírgine María, sic suscípere, ut córpori suo mýstico mérear incorporári, et inter eius membra connumerári. O amantíssime Pater, concéde mihi diléctum Fílium tuum, quem nunc velátum in via suscípere propóno, reveláta tandem fácie perpétuo contemplári: Qui tecum vívit et regnat in unitáte Spíritus Sancti, Deus, per ómnia sáecula saeculórum. Ámen.

À Santíssima Virgem

Mãe de bondade e de misericórdia, Santíssima Virgem Maria, eu, miserável e indigno pecador, a Vós recorro de todo o coração e com todo o amor; e Vos

O Mater pietátis et misericórdiae, Beatíssima Virgo María, ego miser et indígnus peccátor ad te confúgio toto corde et afféctu; et precor pietátem tuam,

suplico que, assim como estivestes de pé junto ao vosso amabilíssimo Filho pendente da Cruz, me assistais também a mim, mísero pecador, e a todos os sacerdotes que hoje na Santa Igreja oferecem o Santo Sacrifício. Auxiliados pela vossa graça, possa eu apresentar à suprema e indivisível Trindade a Vítima verdadeiramente digna de lhe ser oferecida. Amém.

ut, sicut dulcíssimo Fílio tuo in Cruce pendénti astitísti, ita et mihi, mísero peccatóri, et sacerdótibus ómnibus, hic et in tota sancta Ecclésia hódie offeréntibus et fidélibus ómnibus sacrosánctum Fílii tui Corpus suméntibus, cleménter assístere dignéris, ut, tua grátia adiúti, dignam et acceptábilem hóstiam in conspéctu summae et indivíduae Trinitátis offérre valeámus digne ac fructuóse illud súmere valeámus. Ámen.

A SÃO JOSÉ

São José, varão feliz, que tivestes a dita de ver e ouvir o próprio Deus a Quem muitos reis quiseram ver e não viram, ouvir e não ouviram; e não só ver e ouvir, mas ainda mais: trazê-lO nos braços, beijá-lO, vesti-lO e guardá-lO!
V. Rogai por nós, Bem-aventurado São José.

O felícem virum, beátum Ioseph, cui datum est Deum, quem multi reges voluérunt vidére et non vidérunt, audíre et non audiérunt, non solum vidére et audíre, sed portáre, deosculári, vestíre et custodíre!
V. Ora pro nobis, beáte Ioseph.

R. Para que sejamos dignos das promessas de Cristo.

Oremos: Ó Deus, que nos concedestes o sacerdócio real: pedimo-Vos que assim como São José mereceu cuidar e trazer nos seus braços com carinho o vosso Filho Unigênito, nascido da Virgem Maria, façais com que nós Vos sirvamos com coração limpo e boas obras, de modo que hoje recebamos dignamente o sacrossanto Corpo e Sangue do vosso Filho, e na vida futura mereçamos alcançar o prêmio eterno. Pelo mesmo Jesus Cristo, Senhor Nosso. Amém.

R. Ut digni efficiámur promissiónibus Christi.

Orémus: Deus, qui dedísti nobis regále sacerdótium: praesta, quáesumus; ut, sicut beátus Ioseph unigénitum Fílium tuum, nátum ex María Vírgine, suis mánibus reverénter tractáre méruit et portáre, ita nos fácias cum cordis mundítia et óperis innocéntia tuis sanctis altáribus deservíre, ut sacrosánctum Fílii tui Corpus et Sánguinem hódie digne sumámus, et in futúro sáeculo práemium habére mereámur aetérnum. Per eúndem Christum Dóminum nostrum. Ámen.

Para os Sacerdotes

Oração em honra do Santo cuja Missa se celebra

Ó NN, eu, miserável pecador, confiando nos teus méritos, ofereço agora pa-

O NN, ecce ego miser peccátor, de tuis méritis confísus, óffero nunc sa-

ra a tua honra e glória o santíssimo sacramento do Corpo e Sangue de Nosso Senhor Jesus Cristo. Rogo-te humilde e devotamente que intercedas hoje por mim, para que ofereça digna e aceitavelmente este sacrifício, e possa louvar eternamente Deus contigo e com todos os seus eleitos e reinar junto dEle: Que vive e reina pelos séculos dos séculos. Amém.

cratíssimum sacraméntum Córporis et Sánguinis Dómini nostri Iesu Christi pro tuo honóre et glória. Precor te humíliter et devóte, ut pro me hódie intercédere dignéris, ut tantum sacrifícium digne et acceptabíliter offérre váleam, ut eum tecum et cum ómnibus eléctis eius aeternáliter laudáre, atque cum eo regnáre váleam: Qui vívit et regnat in sáecula saeculórum. Ámen.

Fórmula da intenção da Missa

Quero celebrar o Santo Sacrifício da Missa e consagrar o Corpo e o Sangue de Nosso Senhor Jesus Cristo, segundo o rito da Santa Igreja Romana para louvor de Deus onipotente e de toda a Igreja triunfante, para meu bem e o de toda a Igreja militante, por todos os que se encomendaram às minhas orações em geral e em particular e,

Ego volo celebráre Missam, et confícere Corpus et Sánguinem Dómini nostri Iesu Christi, iuxta ritum sanctae Románae Ecclésiae, ad laudem omnipoténtis Dei totiúsque Cúriae triumphántis, ad utilitátem meam totiúsque Curiae militántis, pro ómnibus, qui se commendavérunt oratiónibus meis in génere et in spécie, et pro felíci

enfim, pelo feliz estado da Santa Igreja Romana.

O Senhor onipotente e misericoridoso nos conceda alegria e paz, emenda de vida, tempo de fazer sincera penitência, graça e consolação do Espírito Santo, perseverança nas boas obras. Amém.

statu sanctae Románae Ecclésiae.

Gáudium cum pace, emendatiónem vitae, spátium verae paeniténtiae, grátiam et consolatiónem Sancti Spíritus, perseverántiam in bonis opéribus, tríbuat nobis omnípotens et miséricors Dóminus. Ámen.

>>>>Ⱥ<<<<

Ação de graças após a Missa

Invocações ao Santíssimo Redentor
(Ánima Christi)

O autor desta tradicional oração do Missal Romano é desconhecido. Tem sido atribuída frequentemente a Santo Inácio de Loyola (1491-1556), por ser uma das suas orações prediletas e aparecer no início dos seus Exercícios Espirituais.

Alma de Cristo, santificai-me. Corpo de Cristo, salvai-me. Sangue de Cristo, inebriai-me. Água do lado de Cristo, lavai-me. Paixão de Cristo, confortai-me. Ó bom Jesus, ouvi-me. Dentro das vossas chagas, es-

Ánima Christi, sanctífica me. Corpus Christi, salva me. Sanguis Christi, inébria me. Aqua láteris Christi, lava me. Pássio Christi, confórta me. O bone Iesu, exáudi me. Intra tua vúlnera abscónde me. Ne per-

condei-me. Não permitais que me separe de Vós. Do espírito maligno, defendei-me. Na hora da minha morte, chamai-me. E mandai-me ir para Vós, para que Vos louve com os vossos santos, por todos os séculos dos séculos. Amém.

míttas me separári a te. Ab hoste malígno defénde me. In hora mortis meae voca me. Et iube me veníre ad te, ut cum Sanctis tuis laudem te in sáecula saeculórum. Ámen.

A Jesus Crucificado

Eis-me aqui, ó bom e dulcíssimo Jesus! De joelhos ante a vossa divina presença, eu Vos peço e suplico, com o mais ardente fervor de minha alma, que

En ego, o bone et dulcíssime Iesu, ante conspéctum tuum génibus me provólvo, ac máximo ánimi ardóre te oro atque obtéstor, ut meum in cor vívidos

Vos digneis gravar em meu coração profundos sentimentos de fé, de esperança e de caridade, de verdadeiro arrependimento dos meus pecados e vontade firmíssima de me emendar, enquanto com sincero afeto e íntima dor de coração considero e medito em vossas cinco chagas, tendo bem presentes aquelas palavras que o Profeta Davi já dizia de Vós, ó bom Jesus: *Trespassaram as minhas mãos e os meus pés, e contaram todos os meus ossos.* Amém.

fídei, spei et caritátis sensus, atque veram peccatórum meórum paeniténtiam, éaque emendándi firmíssimam voluntátem velis imprímere; dum magno ánimi afféctu et dolóre tua quinque vúlnera mecum ipse consídero ac mente contémplor, illud prae óculis hábens, quod iam in ore ponébat tuo David prophéta de te, o bone Iesu: *Fodérunt manus meas et pedes meos: dinumeravérunt ómnia ossa mea.* Ámen.

OFERECIMENTO DE SI MESMO

Tomai, Senhor, e recebei, toda a minha liberdade, a minha memória, o meu entendimento e toda a minha vontade. Tudo quanto tenho e possuo de Vós o recebi. Por isso a Vós, Senhor, o entrego e restituo para que disponhais de tudo segundo a vossa von-

Súscipe, Dómine, univérsam meam libertátem. Áccipe memóriam, intelléctum atque voluntátem omnem. Quidquid hábeo vel possídeo mihi largítus es; id tibi totum restítuo, ac tuae prorsus voluntáti trado gubernándum. Amórem tui solum cum grátia

tade. Concedei-me somente o vosso amor e a vossa graça, que isto me basta, e não desejo outra coisa da vossa misericórdia infinita. Amém

tua mihi dones, et dives sum sátis, nec áliud quidquam ultra posco. Ámen

Oração a São José

Ó glorioso São José, Pai e protetor das virgens, guarda fiel a quem Deus confiou Jesus, a própria inocência, e Maria, Virgem das virgens! Em nome de Jesus e de Maria, este duplo tesouro que Vos foi tão caro, Vos suplico que me conserveis livre de toda a impureza, para que, com alma pura e corpo casto, sirva sempre, fielmente, a Jesus e a Maria. Amém.

Vírginum custos et pater, sancte Ioseph, cuius fidéli custódiae ipsa Innocéntia Christus Iesus et Virgo vírginum María commíssa fuit; te per hoc utrúmque caríssimum pignus Iesum et Maríam óbsecro et obtéstor, ut me, ab omni immundítia praeservátum, mente incontamináta, puro corde et casto córpore Iesu et Maríae semper fácias castíssime famulári. Ámen.

À Sagrada Família

Aos que nutristes com os vossos celestes Sacramentos, Senhor Jesus, fazei que sigam sempre os exemplos de vossa santa Família para que à hora da morte venham ao encontro a gloriosa Virgem vossa Mãe, com São José, e mereçam ser recebidos por Vós nos tabernáculos eternos. Vós que viveis e reinais com o Pai, na unidade do Espírito Santo, por todos os séculos dos séculos. Amém.

Quos caeléstibus réficis sacraméntis, fac, Dómine Iesu, sanctae Famíliae tuae exémpla iúgiter imitári: ut, in hora mortis nostrae, occurrénte gloriósa Vírgine Matre tua cum beáto Ioseph, per te in Aetérna tabernácula récipi mereámur: Qui vivis et regnas cum Deo Patre in unitáte Spíritus Sancti Deus per ómnia sáecula saeculórum. Ámen.

Cântico dos Três Jovens

Ant. Cantemos o hino dos três jovens, o mesmo que esses santos cantavam na fornalha ardente, bendizendo o Senhor. (*T.P. Aleluia*)

1. Obras do Senhor, bendizei todas o Senhor; louvai-O e exaltai-O para sempre.

Ant. Trium puerórum* cantémus hýmnum, quem cantábant sancti in camíno ignis, benedicéntes Dóminum. (*T.P. Allelúia*)

1. Benedícite, ómnia ópera Dómini, Dómino;* laudáte et superexáltate eum in sáecula.

2. Céus, bendizei o Senhor; Anjos do Senhor, bendizei o Senhor.	2. Benedícite, caeli, Dómino,* benedícite, ángeli Dómini, Dómino.
3. Águas que estais por cima dos céus, bendizei todas o Senhor; todos os poderes bendigam o Senhor.	3. Benedícite, aquae omnes, quae super caelos sunt, Dómino, benedícat omnis virtus Dómino.
4. Sol e lua, bendizei o Senhor; estrelas dos céus, bendizei o Senhor.	4. Benedícite, sol et luna, Dómino,* benedícite, stellae caeli, Dómino.
5. Chuvas e orvalhos, bendizei o Senhor; e vós, todos os ventos, bendizei o Senhor.	5. Benedícite, omnis imber et ros, Dómino,* benedícite, omnes venti, Dómino.
6. Fogo e calor, bendizei o Senhor; frio e calor, bendizei o Senhor.	6. Benedícite, ignis et aestus, Dómino,* benedícite, frigus et aestus, Dómino.
7. Orvalhos e geadas, bendizei o Senhor; gelo e frio, bendizei o Senhor.	7. Benedícite, rores et pruína, Dómino,* benedícite, gelu et frigus, Dómino.
8. Gelos e neves, bendizei o Senhor; noites e dias, bendizei o Senhor.	8. Benedícite, glácies et nives, Dómino,* benedícite, noctes et dies, Dómino.
9. Luz e trevas, bendizei o Senhor; relâmpagos e nuvens, bendizei o Senhor.	9. Benedícite, lux et ténebrae, Dómino,* benedícite, fúlgura et nubes, Dómino.
10. Que a terra bendiga o Senhor; louve-O e exalte-O para sempre.	10. Benedícat terra Dóminum,* laudet et superexáltet eum in sáecula.

11. Montes e colinas, bendizei o Senhor; plantas que brotais da terra, bendizei o Senhor.

12. Mares e rios, bendizei o Senhor; fontes, bendizei o Senhor.

13. Cetáceos e animais que viveis nas águas, bendizei o Senhor; pássaros todos do céu, bendizei o Senhor.

14. Animais selvagens e rebanhos, bendizei o Senhor; filhos dos homens, bendizei o Senhor.

15. Bendiga Israel o Senhor; louve-O e exalte-O para sempre.

16. Sacerdotes do Senhor, bendizei o Senhor; servos do Senhor, bendizei o Senhor.

17. Espíritos e almas dos justos, bendizei o Senhor; santos e humildes de coração, bendizei o Senhor.

18. Ananias, Azarias e Misael, bendizei o Se-

11. Benedícite, montes et colles, Dómino,* benedícite, univérsa germinántia in terra, Dómino.

12. Benedícite, mária et flúmina, Dómino,* benedícite, fontes, Dómino.

13. Benedícite, cete, et ómnia, quae movéntur in aquis, Dómino,* benedícite, omnes vólucres caeli, Dómino.

14. Benedícite, omnes béstiae et pécora, Dómino,* benedícite, fílii hóminum, Dómino.

15. Bénedic, Israel, Dómino,* laudáte et superexaltáte eum in sáecula.

16. Benedícite, sacerdótes Dómini, Dómino,* benedícite, servi Dómini, Dómino.

17. Benedícite, spíritus et ánimae iustórum, Dómino,* benedícite, sancti et húmiles corde, Dómino.

18. Benedícite, Ananía, Azaría, Mísaël, Dómino,*

nhor; louvai-O e exaltai-O para sempre.

19. Bendigamos o Pai, o Filho e o Espírito Santo; louvemo-lO e exaltemo-lO para sempre.

20. Senhor, Vós sois bendito no firmamento dos céus; sois digno de louvor e glória para sempre.

Não se diz Glória *nem* Amém.

laudáte et superexaltáte eum in sáecula.

19. Benedicámus Patri et Fílio cum Sancto Spíritu;* laudémus et superexaltémus eum in sáecula.

20. Benedíctus es in firmaménto caeli,* et laudábilis et gloriósus in sáecula.

Hic non dicitur Glória Patri, *neque* Ámen.

Salmo 150

1. Louvai o Senhor no seu santuário, louvai-O no seu augusto firmamento.

2. Louvai-O por suas obras grandiosas, louvai-O por sua excelsa majestade.

3. Louvai-O ao som da trombeta, louvai-O com o saltério e a cítara.

4. Louvai-O com tímpanos e danças, louvai-O com a harpa e a flauta.

1. Laudáte Dóminum in sanctuário eius,* laudáte eum in firmaménto virtútis eius.

2. Laudáte eum in magnálibus eius,* laudáte eum secúndum multitúdinem magnitúdinis eius.

3. Laudáte eum in sono tubæ,* laudáte eum in psaltério et cíthara.

4. Laudáte eum in týmpano, et choro,* laudáte eum in chórdis, et órgano.

5. Louvai-O com címbalos sonoros, louvai-O com címbalos de júbilo: tudo o que respira louve o Senhor.

Glória.

Ant. Cantemos o hino dos três jovens, o mesmo que esses santos cantavam na fornalha ardente, bendizendo o Senhor. (*T.P. Aleluia*)

Todos se levantam e quem dirige a oração diz:

Senhor, tende piedade de nós. Cristo, tende piedade de nós. Senhor, tende piedade de nós.

Pai Nosso.

V. E não nos deixeis cair em tentação.
R. Mas livrai-nos do mal.
V. Todas as vossas obras Vos louvem, Senhor.
R. E os vossos santos Vos bendigam.
V. Os santos exultarão na glória.
R. E alegrar-se-ão nas suas moradas.

5. Laudáte eum in cýmbalis benesonántibus: laudáte eum in cýmbalis iubilatiónis:* omne quod spirat, láudet Dóminum.

Glória Patri.

Ant. Trium puerórum* cantémus hýmnum, quem cantábant sancti in camíno ignis, benedicéntes Dóminum (*T.P. Allelúia*).

Omnes exsúrgunt, et qui preces moderátur dicit:

Kýrie, eléison. Christe, eléison. Kýrie, eléison.

Pater noster.

V. Et ne nos indúcas in tentatiónem.
R. Sed líbera nos a malo.
V. Confiteántur tibi, Dómine, ómnia ópera tua.
R. Et sancti tui benedícant tibi.
V. Exsultábunt sancti in glória.
R. Laetabúntur in cubílibus suis.

V. Não a nós, Senhor, não a nós.	V. Non nobis, Dómine, non nobis.
R. Mas ao vosso nome dai glória.	R. Sed nómini tuo da glóriam.
V. Ouvi, Senhor, a minha oração.	V. Dómine, exáudi oratiónem meam.
R. E chegue a Vós o meu clamor.	R. Et clamor meus ad te véniat.

Os sacerdotes acrescentam: — *Sacerdotes addunt:*

V. O Senhor esteja convosco.

V. Dóminus vobíscum.

R. Ele está no meio de nós.

R. Et cum spíritu tuo.

Oremos: Ó Deus, que suavizastes as chamas do fogo aos três jovens; concedei--nos, pela vossa misericórdia, que não nos deixemos abrasar pelos vícios.

Orémus: Deus, qui tribus púeris mitigásti flammas ígnium: concéde propítius; ut nos fámulos tuos non exúrat flamma vitiórum.

Nós Vos rogamos, Senhor, que prepareis as nossas ações com a vossa inspiração, e as acompanheis com a vossa ajuda, a fim de que todos os nossos trabalhos e orações em Vós comecem sempre e convosco acabem.

Actiónes nostras, quáesumus, Dómine, aspirándo práeveni et adiuvándo proséquere: ut cuncta nostra orátio et operátio a te semper incípiat, et per te coepta finiátur.

Dai-nos, Senhor, a graça de extinguir o ardor dos

Da nobis, quáesumus, Dómine, vitiórum nostrórum

vícios, Vós que concedestes a São Lourenço a virtude de vencer o fogo de seu martírio. Por Cristo, Senhor Nosso.
R. Amém

flammas exstínguere: qui beáto Lauréntio tribuísti tormentórum suórum incéndia superáre. Per Christum Dóminum nostrum.
R. Ámen.

Oração de São Tomás de Aquino

Dou-Vos graças, Senhor santo, Pai onipotente, Deus eterno, a Vós que, sem merecimento algum da minha parte, mas por efeito da vossa misericórdia, Vos dignastes saciar-me, sendo eu pecador e vosso indigno servo, com o Corpo adorável e com o Sangue precioso do vosso Filho, Nosso Senhor Jesus Cristo. Eu Vos peço que esta comunhão não me seja imputada como uma falta digna de castigo, mas interceda eficazmente para alcançar o meu perdão; seja a armadura da minha fé e o escudo da minha boa vontade; livre-me dos meus vícios; apague os

Grátias tibi ago, Dómine, sancte Pater, omnípotens aetérne Deus, qui me peccatórem, indígnum fámulum tuum, nullis meis méritis, sed sola dignatióne misericórdiae tuae satiáre dignátus es pretióso Córpore et Sánguine Fílii tui, Dómini nostri Iesu Christi. Et precor, ut haec sancta commúnio non sit mihi reátus ad poenam, sed intercéssio salutáris ad véniam. Sit mihi armatúra fídei et scútum bonae voluntátis. Sit vitiórum meórum evacuátio, concupiscéntiae et libídinis exterminátio, caritátis et patiéntiae, humilitátis et oboediéntiae omniúmque virtútum aug-

meus maus desejos; mortifique a minha concupiscência; aumente em mim a caridade e a paciência, a humildade, a obediência e todas as virtudes; sirva-me de firme defesa contra os embustes de todos os meus inimigos, tanto visíveis como invisíveis; serene e regule perfeitamente os movimentos, tanto da minha carne como do meu espírito; una-me firmemente a Vós, que sois o único e verdadeiro Deus; e seja enfim a feliz consumação do meu destino. Dignai-Vos, Senhor, eu Vos suplico, conduzir-me, a mim, pecador, a esse inefável banquete em que, com o vosso Filho e o Espírito Santo, sois para os vossos santos luz verdadeira, gozo pleno e alegria eterna, cúmulo de delícias e felicidade perfeita. Pelo mesmo Jesus Cristo, Senhor Nosso. Amém.

mentátio: contra insídias inimicórum ómnium, tam visibílium quam invisibílium firma defénsio; motuum meórum, tam carnálium quam spirituálium, perfécta quietátio: in te uno ac vero Deo firma adháesio; atque finis mei félix consummátio. Et precor te, ut ad illud ineffábile convivíum me peccatórem perdúcere dignéris, ubi tu, cum Fílio tuo et Spíritu Sancto, Sanctis tuis es lux vera, satíetas plena, gáudium sempitérnum, iucúnditas consummáta et felícitas perfécta. Per eúndem Christum Dóminum nostrum. Ámen.

Oração de São Boaventura

Trespassai, dulcíssimo Senhor Jesus, a medula de minha alma com o suave e salutar dardo do vosso amor, com a verdadeira, pura e santíssima caridade apostólica, a fim de que a minha alma desfaleça e se desfaça sempre só com o amor e o desejo de Vos possuir; que por Vós suspire, e desfaleça por achar-se nos átrios da vossa casa; deseje separar-se do corpo para se unir a Vós.
Fazei que minha alma tenha fome de Vós, Pão dos anjos, Alimento das almas santas, Pão nosso de cada dia, cheio de força, de toda a doçura e sabor, e de todo o suave deleite. Ó Jesus, a quem os anjos desejam contemplar, tenha sempre o meu coração fome de Vós, e o interior de minha alma transborde com a doçura do vosso sabor; tenha sempre sede de Vós, fonte de vida, ma-

Transfíge, dulcíssime Dómine Iesu, medúllas et víscera ánimae meae suavíssimo ac salubérrimo amóris tui vúlnere, vera serenáque et apostólica sanctíssima caritáte, ut lángueat et liquefíat ánima mea solo semper amóre et desidério tui, te concupíscat et defíciat in átria tua, cúpiat dissólvi et esse tecum.
Da ut ánima mea te esúriat, panem Angelórum, refectiónem animárum sanctárum; panem nostrum cotidiánum, supersubstantiálem, habéntem omnem dulcédinem et sapórem, et omne delectaméntum suavitátis. Te, in quem desidérant Ángeli prospícere, semper esúriat et cómedat cor meum, et dulcédine sapóris tui repleántur víscera ánimae meae; te semper sítiat fontem vitae, fontem sapiéntiae et sciéntiae, fontem aetérni lúminis, torréntem vo-

nancial de sabedoria e de ciência, rio de luz eterna, torrente de delícias, abundância da Casa de Deus.

Que Vos deseje, Vos procure, Vos encontre; que para Vós caminhe e a Vós chegue; que em Vós pense, de Vós fale, e todas as minhas ações encaminhe para a honra e glória do vosso nome, com humildade e discrição, com amor e deleite, com facilidade e afeto, com perseverança até o fim; para que só Vós sejais sempre minha esperança, meu gozo, meu descanso e minha tranquilidade, minha paz, minha suavidade, meu perfume, minha doçura, minha comida, meu alimento, meu refúgio, meu auxílio, minha sabedoria, minha herança, minha posse, meu tesouro, no qual estejam sempre fixos e firme e inabalavelmente arraigados a minha alma e o meu coração. Amém.

luptátis, ubertátem domus Dei.

Te semper ámbiat, te quaerat, te inveniát, ad te tendat, ad te pervéniat, te meditétur, te loquátur, et ómnia operétur in laudem et glóriam nóminis tui, cum humilitáte et discretióne, cum dilectióne, et delectatióne, cum facilitáte et afféctu, cum perseverántia usque in finem; ut tu sis solus semper spes mea, tota fidúcia mea, divítiae meae, delectátio mea, iucúnditas mea, gáudium meum, quies et tranquíllitas mea, pax mea, suávitas mea, odor meus, dulcédo mea, cibus meus, reféctio mea, refúgium meum, auxílium meum, sapiéntia mea, pórtio mea, posséssio mea, thesáurus meus, in quo fixa et firma et immobíliter semper sit radicáta mens mea et cor meum. Ámen.

Oração Universal

Atribuída ao Papa Clemente XI

Senhor, creio em Vós, fazei que creia com mais firmeza; espero em Vós, fazei que espere com mais confiança; amo-Vos, fazei que ame com mais ardor; estou arrependido, avivai a minha dor.

Adoro-Vos como primeiro princípio; desejo-Vos como último fim; exalto-Vos como benfeitor perpétuo; invoco-Vos como defensor propício.

Dirigi-me com a vossa sabedoria; atai-me com a vossa justiça; consolai-me com a vossa clemência; protegei-me com o vosso poder.

Ofereço-Vos os meus pensamentos, para que se dirijam a Vós; minhas palavras, para que falem de Vós; minhas obras, para que sejam vossas; minhas contrariedades, para que as aceite por Vós.

Credo Dómine, sed credam fírmius; spero, sed sperem secúrius; amo, sed amem ardéntius; dóleo, sed dóleam veheméntius.

Adóro te ut primum princípium; desídero ut finem últimum; laudo ut benefactórem perpétuum; invóco ut defensórem propítium.

Tua me sapiéntia dírige, iustítia cóntine, cleméntia soláre, poténtia prótege.

Óffero tibi, Dómine cogitánda, ut sint ad te; dicénda, ut sint de te; faciénda, ut sint secúndum te; ferénda, ut sint propter te.

Quero o que quereis, quero porque o quereis, quero como o quereis, quero enquanto o queirais.	Volo quidquid vis, volo quia vis, volo quomódo vis, volo quámdiu vis.
Senhor, peço-Vos que ilumineis a minha mente, inflameis a minha vontade, limpeis o meu coração, santifiqueis a minha alma.	Oro, Dómine, intelléctum illúmines, voluntátem inflámmes, cor emúndes, ánimam sanctífices.
Que me afaste das faltas passadas, rejeite as tentações futuras, corrija as más inclinações, pratique as virtudes necessárias.	Défleam praetéritas iniquitátes, repéllam futúras tentatiónes, córrigam vitiósas propensiónes, éxcolam idóneas virtútes.
Concedei-me, Deus de bondade, amor por Vós, ódio por mim, zelo pelo próximo, desprezo pelo mundano.	Tríbue mihi, bone Deus, amórem tui, ódium mei, zélum próximi, contémptum mundi.
Que saiba obedecer aos superiores, ajudar os inferiores, acolher os amigos, perdoar os inimigos.	Stúdeam superióribus oboedíre, inferióribus subveníre, amícis consúlere, inimícis párcere.
Que vença a sensualidade com a mortificação, a avareza com a generosidade, a ira com a bondade, a tibieza com a piedade.	Víncam voluptátem austeritáte, avarítiam largitáte, iracúndiam lenitáte, tepiditátem fervóre.
Fazei-me prudente nos conselhos, constante nos	Redde me prudéntem in consíliis, constántem in

perigos, paciente nas contrariedades, humilde na prosperidade.

Senhor, fazei-me atento na oração, sóbrio na comida, perseverante no trabalho, firme nos propósitos.

Que procure ter inocência interior, modéstia exterior, conversa exemplar, vida ordenada.

Que lute por dominar a minha natureza, fomentar a graça, servir a vossa lei e obter a salvação.

Que aprenda de Vós como é pouco o terreno, como é grande o divino, como é breve o tempo, como é duradouro o eterno.

Fazei-me preparar a morte, temer o juízo, evitar o inferno e alcançar o Paraíso.

Por Cristo, Senhor Nosso. Amém.

---

perículis, patiéntem in advérsis, húmilem in prósperis.

Fac, Dómine, ut sim in oratióne atténtus, in épulis sóbrius, in múnere sédulus, in propósito firmus.

Curem habére innocéntiam interiórem, modéstiam exteriórem, conversatiónem exemplárem, vitam regulárem.

Assídue invígilem natúrae domándae, grátiae fovéndae, legi servándae, salúti proméndae.

Díscam a te quam ténue quod terrénum, quam grande quod divínum, quam breve quod temporáneum, quam durábile quod aetérnum.

Da mortem praevéniam, iudícium pertíneam, inférnum effúgiam, paradísum obtíneam.

Per Christum Dóminum nostrum. Ámen.

Ó SAGRADO BANQUETE

Ó sagrado banquete de que somos os convivas, no qual recebemos Cristo em comunhão! Nele se recorda a sua paixão, o nosso coração se enche de graça e nos é dado o penhor da glória que há de vir.

V. Do céu lhes destes o pão. (*T.P. Aleluia*)
R. Que contém todo sabor. (*T.P. Aleluia*)

Oremos: Deus, que neste admirável sacramento nos deixastes o memorial da vossa Paixão, dai-nos venerar com tão grande amor o mistério do vosso Corpo e do vosso Sangue, que possamos colher continuamente os frutos da vossa Redenção. Vós que viveis e reinais por todos os séculos dos séculos. R. Amém.

O sácrum convívium, in quo Christus súmitur: recólitur memória passiónis eius, mens implétur grátia, et futúrae glóriae nobis pignus datur.

V. Panem de caelo praestitísti eis. (*T.P. Allelúia*)
R. Omne delectaméntum in se habéntem. (*T.P. Allelúia*)

Orémus: Deus, qui nobis sub sacraménto mirábili, passiónis tuae memóriam reliquísti: tríbue, quáesumus, ita nos córporis et sánguinis tui sacra mystéria venerári, ut redemptiónis tuae fructum in nobis íugiter sentiámus. Qui vivis et regnas in sáecula saeculórum.
R. Ámen.

Oração de São Francisco

Senhor,
Fazei de mim um instrumento de vossa paz.
Onde houver ódio, que eu leve o amor.
Onde houver ofensa, que eu leve o perdão.
Onde houver discórdia, que eu leve a união.
Onde houver dúvida, que eu leve a fé.
Onde houver erro, que eu leve a verdade.
Onde houver desespero, que eu leve a esperança.
Onde houver tristeza, que eu leve a alegria.
Onde houver trevas, que eu leve a luz!
Ó Mestre,
Fazei que eu procure mais consolar que ser consolado.
Compreender que ser compreendido.
Amar que ser amado.
Pois é dando que se recebe.
É perdoando que se é perdoado e
é morrendo que se vive para a vida eterna!

Ladainha da humildade

*O Cardeal Merry del Val costumava recitar
esta oração depois de celebrar a Santa Missa.*

Ó Jesus, manso e humilde de coração, ouvi-me.
Do desejo de ser estimado, livrai-me, ó Jesus.
Do desejo de ser amado, livrai-me, ó Jesus.
Do desejo de ser conhecido, livrai-me, ó Jesus.
Do desejo de ser honrado, livrai-me, ó Jesus.
Do desejo de ser louvado, livrai-me, ó Jesus.
Do desejo de ser preferido, livrai-me, ó Jesus.
Do desejo de ser consultado, livrai-me, ó Jesus.

Do desejo de ser aprovado, livrai-me, ó Jesus.
Do receio de ser humilhado, livrai-me, ó Jesus.
Do receio de ser desprezado, livrai-me, ó Jesus.
Do receio de sofrer repulsas, livrai-me, ó Jesus.
Do receio de ser caluniado, livrai-me, ó Jesus.
Do receio de ser esquecido, livrai-me, ó Jesus.
Do receio de ser ridicularizado, livrai-me, ó Jesus.
Do receio de ser difamado, livrai-me, ó Jesus.
Do receio de ser objeto de suspeita, livrai-me, ó Jesus.
Que os outros sejam mais amados do que eu, Jesus, dai-me a graça de desejá-lo.
Que os outros sejam mais estimados do que eu, Jesus, dai-me a graça de desejá-lo.
Que os outros possam elevar-se na opinião do mundo, e que eu possa ser diminuído, Jesus, dai-me a graça de desejá-lo.
Que os outros possam ser escolhidos e eu posto de lado, Jesus, dai-me a graça de desejá-lo.
Que os outros possam ser louvados e eu desprezado, Jesus, dai-me a graça de desejá-lo.
Que os outros possam ser preferidos a mim em todas as coisas, Jesus, dai-me a graça de desejá-lo.
Que os outros possam ser mais santos do que eu, embora me torne o mais santo quanto me for possível, Jesus, dai-me a graça de desejá-lo.

Para sacerdotes

Que Vos seja agradável, Senhor
(Pláceat)

Que Vos seja agradável, ó Santíssima Trindade, o obséquio da minha servidão; e fazei que o sacrifício, que, sendo indigno, apresentei diante dos olhos da vossa Majestade, seja propício, pela vossa Misericórdia, para mim e para todos aqueles por quem o ofereci. Por Cristo, Senhor Nosso. Amém.

Pláceat tibi, sancta Trínitas, obséquium servitútis meae: et praesta; ut sacrifícium, quod óculis tuae maiestátis indígnus óbtuli, tibi sit acceptábile, mihíque et ómnibus, pro quibus illud óbtuli, sit, te miseránte, propitiábile. Per Christum Dóminum nostrum. Ámen.

Ave gratia plena Dominus tecum

MR / IOI / ihs / XRS

Mater divinae gratiae, O. P. N.

IX. DEVOÇÃO A NOSSA SENHORA

Santo Rosário

Como rezar o Rosário:
Costuma-se dedicar uma parte do Rosário a cada dia da semana. Assim, às segundas e sábados meditam-se os mistérios gozosos; às quintas, os luminosos; às terças e sextas, os dolorosos; e às quartas e domingos, os gloriosos.

Há quatro partes na recitação de cada mistério do Rosário: a enunciação e meditação da cena, o Pai Nosso, as dez Ave Marias e o Glória. Outras orações podem ser acrescentadas depois, de acordo com as tradições locais, mas não são parte essencial do Rosário.

A mais conhecida destas orações é a jaculatória que a própria Santíssima Virgem ensinou às três crianças em Fátima: Ó meu Jesus, perdoai-nos, livrai-nos do fogo do inferno; levai as almas todas para o Céu e socorrei principalmente as que mais precisarem.

No final dos cinco mistérios, pode-se rezar a Ladainha, um conjunto de invocações e louvores à Santíssima Trindade e à Nossa Senhora.

Início
Sinal da Cruz
V. Abri, Senhor, os meus lábios.
R. E a minha boca anunciará o vosso louvor.
V. Ó Deus, vinde em meu auxílio.
R. Senhor, apressai-Vos em me socorrer.

Na Cruz, Credo.
Na conta do meio ou solta, Pai Nosso.
Na conta menor, Ave Maria.
No fim de cada dezena, Glória.
Na Sexta-feira santa, em vez de rezar o Glória, *diz-se:*

V. Cristo se fez por nós obediente até a morte.
R. E morte de Cruz.
No Sábado santo, em vez do Glória, *diz-se:*
V. Cristo se fez por nós obediente até a morte e morte de Cruz.
R. Por isso Deus O exaltou e lhe deu um nome que está acima de todo nome.

No fim de cada Mistério, depois do Glória:

Oração de Fátima
V. Ó meu Jesus, perdoai-nos, livrai-nos do fogo do inferno.
R. Levai as almas todas para o Céu e socorrei principalmente as que mais precisarem.

ou

V. Ó Maria, concebida sem pecado.
R. Rogai por nós, que recorremos a Vós.

Mistérios Gozosos (segunda-feira e sábado)

1º. A Encarnação
O Anjo do Senhor anuncia a Maria. Diz Maria ao Anjo: "Como se fará isto se não conheço varão?" O Anjo responde: "O Espírito Santo virá sobre ti, e a virtude do Altíssimo te cobrirá com a sua sombra, e por isso o Santo gerado de ti será chamado Filho de Deus". Diz Maria: "Eis aqui a escrava do Senhor; faça-se em mim segundo a tua palavra" (cfr. Lc 1, 26-38).

2º. A Visitação de Nossa Senhora à sua prima Santa Isabel
Maria levanta-se e dirige-se sem demora à montanha, a

uma cidade de Judá, para visitar a sua prima Santa Isabel. Isabel fica cheia do Espírito Santo e exclama em voz alta: "Bendita és tu entre as mulheres e bendito é o fruto do teu ventre" (cfr. Lc 1, 39-56).

3º. O Nascimento do Filho de Deus em Belém
Maria dá à luz seu Filho primogénito, e envolve-o em panos e deita-o numa manjedoura, por não haver lugar para eles na estalagem (cfr. Lc 2, 1-20).

4º. A Purificação de Nossa Senhora
Assim que se completam os dias da purificação, levam o Menino ao Templo, conforme está escrito na Lei do Senhor (cfr. Lc 2, 22-30).

5º. O Menino-Deus perdido e achado no Templo
O Menino Jesus fica em Jerusalém e os seus pais, depois de O procurarem durante três dias, encontram-nO no meio dos doutores, ouvindo-os e interrogando-os (cfr. Lc 2, 41-50).

Mistérios Luminosos (quinta-feira)

1º. O Batismo no Jordão
Enquanto Cristo desce à água do rio, como inocente que se faz pecador por nós (cfr. 2 Cor 5, 21), o céu abre-se e a voz do Pai proclama-o Filho dileto (cfr. Mt 3, 17), ao mesmo tempo que o Espírito vem sobre Ele para investi-lO na missão que o espera (cfr. Lc 2, 41-50).

2º. A auto-revelação nas bodas de Caná
Cristo, transformando a água em vinho, abre à fé o coração dos discípulos graças à intervenção de Maria, a primeira entre os fiéis (cfr. Jo 2, 1-12).

3º. Anúncio do Reino e convite à conversão
Jesus anuncia o advento do Reino de Deus e convida à conversão (cfr. Mc 1, 15), perdoando os pecados de quem a Ele se dirige com humilde confiança (cfr. Lc 7, 47-48). É o início do ministério de misericórdia que Ele prosseguirá exercendo até ao fim do mundo, especialmente através do sacramento da Reconciliação confiado à sua Igreja (cfr. Jo 20, 22-23).

4º. A Transfiguração
A glória da Divindade reluz no rosto de Cristo, enquanto o Pai o acredita diante dos Apóstolos extasiados para que o "escutem" (cfr. Lc 9, 35) e se disponham a viver com Ele o momento doloroso da Paixão, a fim de chegarem com Ele à glória da Ressurreição e a uma vida transfigurada pelo Espírito Santo.

5º. Instituição da Eucaristia
Cristo faz-se alimento com o seu Corpo e o seu Sangue sob os sinais do pão e do vinho, testemunhando "até ao extremo" o seu amor pela humanidade (cfr. Jo 13, 1), por cuja salvação se oferecerá em sacrifício.

MISTÉRIOS DOLOROSOS (TERÇA-FEIRA E SEXTA-FEIRA)

1º. A Oração no Horto
Jesus vai com os seus discípulos a um lugar chamado Getsêmani e diz: "Pai, se quiseres, faz com que se afaste de mim este cálice... Não se faça, porém, a minha vontade, mas a tua" (cfr. Lc 22, 39-42).

2º. A Flagelação do Senhor
Pilatos diz: "Que farei de Jesus, que se chama o Cris-

to?" E a multidão exaltada grita: "Crucifica-o, crucifica-o!" E Pilatos manda açoitar Jesus (cfr. Mc 15, 1-15).

3º. A Coroação de Espinhos
Os soldados cobrem Jesus com um trapo velho e sujo de púrpura, e coroam-nO com uma coroa de espinhos e começam a escarnecer dEle: "Salve, Rei dos judeus", ferindo-lhe a cabeça com uma cana e cuspindo nEle (cfr. Mc 15, 16-20).

4º. A Cruz às costas
Com a Cruz às costas, Jesus caminha para o lugar chamado Calvário, que em hebraico se chama Gólgota. Enquanto o conduzem, lançam mão de um certo Simão de Cirene, que vem do campo, e o carregam com a Cruz, para que a leve atrás de Jesus (cfr. Lc 23, 26-32).

5º. Jesus morre na Cruz
As trevas cobrem toda a terra; Jesus, clamando em alta voz, diz: "Pai, em tuas mãos entrego o meu espírito". Dizendo isto, expira (cfr. Lc 23, 44-46).

MISTÉRIOS GLORIOSOS (QUARTA-FEIRA E DOMINGO)

1º. A Ressurreição do Senhor
Passado o sábado, já prestes a amanhecer o primeiro dia da semana, Maria Madalena e Maria, mãe de Tiago, vão ao sepulcro. Entrando, ficaram consternadas porque não encontram o corpo de Jesus. O Anjo, dirigindo-se às mulheres, diz: "Não temais; sei que procurais Jesus Nazareno. Não está aqui porque ressuscitou, como tinha anunciado" (cfr. Mt 28, 1-7).

2º. A Ascensão do Senhor aos Céus

Jesus leva os seus discípulos a caminho de Betânia, e, levantando as mãos, abençoa-os. E, enquanto os abençoa, afasta-se deles e eleva-se ao céu. E eles, depois de se prostrarem diante dEle, voltam a Jerusalém com grande alegria (cfr. Lc 24, 50-53).

3º. A Vinda do Espírito Santo

De repente vem do céu um estrondo como de vento impetuoso, que encheu toda a casa onde estão os discípulos. Ficam todos cheios do Espírito Santo e começam a falar em várias línguas (cfr. At 2, 1-11).

4º. A Assunção de Nossa Senhora

Maria é levada por Deus, em corpo e alma, para o céu. E os Anjos se alegram! Grandes coisas são ditas de ti, ó Maria, que és exaltada acima dos coros dos Anjos, e triunfas para sempre em Cristo (cfr. Missal Romano, *Antífona da Missa da Vigília da Assunção de Nossa Senhora*).

5º. A Coroação de Maria Santíssima

És toda formosa, e não há mancha em ti. És horto cerrado, minha irmã, Esposa, horto cerrado, fonte selada. Vem, serás coroada. Aparece no céu um sinal grandioso: uma Mulher revestida de Sol, com a Lua a seus pés; na cabeça, uma coroa com doze estrelas (cfr. Ct 4, 7-12 e Ap 12, 1).

LADAINHA LAURETANA

Leão XIII prescreveu que no mês de outubro o Rosário fosse terminado com a Ladainha de Nossa Senhora. Isto fez com que a Ladainha fosse introduzida como um apêndice do Rosário. Na realidade, ela constitui uma oração própria, cuja origem está no século XVI, em Loreto, de onde provém o seu nome.

V. **S**enhor, tende piedade de nós.
R. Senhor, tende piedade de nós.

V. Jesus Cristo, tende piedade de nós.
R. Jesus Cristo, tende piedade de nós.

V. Senhor, tende piedade de nós.
R. Senhor, tende piedade de nós.

V. Jesus Cristo, ouvi-nos.
R. Jesus Cristo, ouvi-nos.

V. Jesus Cristo, atendei-nos.
R. Jesus Cristo, atendei-nos.

V. Deus Pai do Céu,
R. Tende piedade de nós.

V. Deus Filho Redentor do mundo,
R. Tende piedade de nós.

V. Deus Espírito Santo,
R. Tende piedade de nós.

V. Santíssima Trindade, que sois um só Deus,
R. Tende piedade de nós.

V. Santa Maria,
R. Rogai por nós.

(Repete-se a mesma resposta a partir daqui)

V. Santa Mãe de Deus,
Santa Virgem das Virgens,

V. Mãe de Jesus Cristo,
Mãe da Igreja,
Mãe da misericórdia
Mãe da divina graça,
Mãe da esperança,
Mãe puríssima,
Mãe castíssima,
Mãe imaculada,
Mãe intacta,
Mãe amável,
Mãe admirável,
Mãe do bom conselho,
Mãe do Criador,
Mãe do Salvador,
Virgem prudentíssima,
Virgem veneranda,
Virgem digna de louvor,
Virgem poderosa,
Virgem clemente,
Virgem fiel,
Espelho da justiça,
Sede da sabedoria,
Causa da nossa alegria,
Vaso espiritual,
Vaso honorável,
Vaso insigne de devoção,
Rosa mística,
Torre de Davi,
Torre de marfim,
Casa de ouro,
Arca da aliança,
Porta do Céu,
Estrela da manhã,
Saúde dos enfermos,

V. Refúgio dos pecadores,
Consolo dos migrantes,
Consoladora dos aflitos,
Auxílio dos cristãos,
Rainha dos Anjos,
Rainha dos Patriarcas,
Rainha dos Profetas,
Rainha dos Apóstolos,
Rainha dos Mártires,
Rainha dos Confessores,
Rainha das Virgens,
Rainha de todos os Santos,
Rainha concebida sem pecado original,
Rainha assunta aos Céus,
Rainha do Santíssimo Rosário,
Rainha da Família,
Rainha da Paz,

V. Cordeiro de Deus, que tirais os pecados do mundo.
R. Perdoai-nos, Senhor.

V. Cordeiro de Deus, que tirais os pecados do mundo.
R. Ouvi-nos, Senhor.

V. Cordeiro de Deus, que tirais os pecados do mundo.
R. Tende piedade de nós.

À vossa proteção nos acolhemos, Santa Mãe de Deus; não desprezeis as súplicas que em nossas necessidades Vos dirigimos, mas livrai-nos sempre de todos os perigos, ó Virgem gloriosa e bendita.

V. Rogai por nós, Santa Mãe de Deus.

R. Para que sejamos dignos das promessas de Cristo.

Oremos: Infundi, Senhor, nós vos pedimos, em nossas almas a vossa graça, para que nós, que conhecemos pela Anunciação do Anjo a Encarnação de Jesus Cristo, vosso Filho, cheguemos por sua Paixão e sua Cruz à glória da Ressurreição. Pelo mesmo Jesus Cristo, Senhor Nosso. Amém.

SANCTUM ROSÁRIUM

Inítium
Signum Crucis
V. Dómine, lábia mea apéries,
R. Et os meum annuntiábit láudem tuam.
V. Deus in adiutórium meum inténde.
R. Dómine ad adiuvándum me festína.

Ad Crucem: Sýmbola Apostolórum
Ad grana maióra: Orátio Dominíca
Ad grana minora: Ave María
Ad fínem decadum: Glória Patri

In Féria Sexta Sancta:
V. Christus fáctus est pro nobis obóediens usque ad mortem.
R. Mortem autem crucis.
In Sábbato Sanctu:
V. Christus factus est pro nobis obóediens usque ad mortem, mortem autem crucis.
R. Propter quod et Deus exaltávit illum: et dedit illi nomen, quod est super omne nomen.

Orátio Fátimae
V. O mi Iesu, dimítte nobis débita nostra, líbera nos ab igne inférni.
R. Duc in caelum omnes ánimas, praesértim illas quae máxime índigent misericórdia tua.

MEDITATIÓNES ROSÁRII

I. MYSTÉRIA GAUDIÓSA (IN FÉRIA SECÚNDA ET SÁBBATO)

1. Quem, Virgo, concepísti (Mt I, 18; Lc I, 26-38).
2. Quem visitándo Elísabeth portásti (Lc I, 39-45).
3. Quem, Virgo, genuísti (Lc II, 6-12).
4. Quem in templo praesentásti (Lc II, 25-32).
5. Quem in templo invenísti (Lc II, 41-50).

II. MYSTÉRIA LUMINÓSA (IN FÉRIA QUÍNTA)

1. Qui apud Iordánem baptizátus est (Mt III, 13; Mc I, 9; Jo I, 29).
2. Qui ipsum revelávit apud Canense matrimónium (Ioh II, 1-11).
3. Qui Regnum Dei annuntiávit (Mc I, 15; Lc VII, 47-48).
4. Qui transfigurátus est (Mt XVII, 1-8, Mc IX, 2-9).
5. Qui Eucharistíam instítuit (Ioh XIII, 1).

III. MYSTÉRIA DOLORÓSA (IN FERIA TÉRTIA ET FÉRIA SEXTA)

1. Qui pro nobis sánguinem sudávit (Lc XXII, 39-46).
2. Qui pro nobis flagellátus est (Mt XXVII, 26; Mc XVI, 6-15; Ioh XIX, 1).
3. Qui pro nobis spinis coronátus est (Ioh XIX, 1-8).
4. Qui pro nobis crucem baiulávit (Ioh XIX, 16-22).
5. Qui pro nobis crucifíxus est (Ioh XIX, 25-30).

IV. MYSTÉRIA GLORIÓSA (IN FÉRIA QUARTA ET DOMINÍCA)

1. Qui resurréxit a mortuis (Mc XVI, 1-7).
2. Qui in caelum ascéndit (Lc XXIV, 46-53).
3. Qui Spirítum Sanctum misit (Act II, 1-7).
4. Qui te assúmpsit (Ps XVI, 10).
5. Qui te in caelis coronávit (Apoc XII, 1).

LITANIAE LAURETANAE

V. Kýrie, eléison.
R. Kýrie, eléison.

V. Christe, eléison.
R. Christe, eléison.

V. Kýrie, eléison.
R. Kýrie, eléison.

V. Christe, áudi nos.
R. Christe, áudi nos.

V. Christe, exáudi nos.
R. Christe, exáudi nos.

V. Pater de caelis, Deus,
R. Miserére nobis.

V. Fili, Redémptor mundi, Deus,
R. Miserére nobis.

V. Spíritus Sancte Deus,
R. Miserére nobis.

V. Sancta Trinitas, unus Deus,
R. Miserére nobis.

V. Sancta María,
R. Ora pro nobis

(Hinc simíliter respondétur)

V. Sancta Dei Génitrix,
Sancta Virgo Vírginum,
Mater Christi,
Mater Ecclesiae,
Mater Misericordiae,
Mater Divínae grátiae,
Mater Spei,
Mater puríssima,

V. Mater castíssima,
Mater invioláta,
Mater intemeráta,
Mater amábilis,
Mater admirábilis,
Mater boni Consílii,
Mater Creatóris,
Mater Salvatóris,
Virgo prudentíssima,
Virgo veneránda,
Virgo praedicánda,
Virgo pótens,
Virgo clemens,
Virgo fidélis,
Speculum iustítiae,
Sedes sapiéntiae,
Causa nostrae laetítiae,
Vas spirituále,
Vas honorábile,
Vas insígne devotiónis,
Rosa mýstica,
Turris Davídica,
Turris ebúrnea,
Domus áurea,
Fóederis arca,
Iánua caeli,
Stella matutína,

V. Salus infirmórum,
Refúgium peccatórum,
Solacium migrantium,
Consolátrix afflictórum,
Auxílium Christianórum,
Regína Angelórum,
Regína Patriarchárum,
Regína Prophetárum,
Regína Apostolórum,
Regína Mártyrum,
Regína Confessórum,
Regína Vírginum,
Regína Sanctórum ómnium,
Regína sine labe origináli concépta,
Regína in caelum assúmpta,
Regína Sacratíssimi Rosárii,
Regína famíliae,
Regína pacis,

V. Agnus Dei, qui tollis peccáta mundi.
R. Parce nobis, Dómine.

V. Agnus Dei, qui tollis peccáta mundi.
R. Exáudi nos, Dómine.

V. Agnus Dei, qui tollis peccáta mundi,
R. Miserére nobis.

Sub tuum praesídium confúgimus, Sancta Dei Génitrix. Nostras deprecatiónes ne despícias in necessitátibus, sed a perículis cunctis líbera nos semper, Virgo gloriósa et benedícta. Ámen.

V. Ora pro nobis, Sancta Dei Génitrix,
R. Ut digni efficiámur promissiónibus Christi.

Orémus: Grátiam tuam, quáesumus, Dómine, méntibus nostris infúnde: ut qui, Ángelo nuntiánte, Christi Fili tui incarnatiónem cognóvimus; per passiónem eius et crucem, ad resurrectiónis glóriam perducámur. Per eúndem Christum Dóminum nostrum. R. Ámen.

Oração à Imaculada Conceição

Ó Deus, que pela Imaculada Conceição da Virgem Maria preparaste uma digna morada para o vosso Filho e, em atenção aos méritos futuros da morte de Cristo, a preservastes de toda mancha, concedei-nos, por sua intercessão, a graça de chegarmos purificados junto de Vós. Pelo mesmo Jesus Cristo, Senhor Nosso. Amém.

Deus, qui per immaculátam Vírginis Conceptiónem dígnum Fílio tuo habitáculum praeparásti, quáesumus, ut qui ex morte eiúsdem Fílii tui práevisa eam ab omni labe praeservásti, nos quoque mundos, eius intercessióne, ad te pervenire concédas. Per eúndem Christum Dóminum nostrum. Ámen.

BENDITA SEJA A TUA PUREZA

Bendita seja tua pureza e eternamente o seja, pois todo um Deus se recreia em tão graciosa beleza.
A ti, celestial Princesa, Virgem Sagrada Maria, ofereço neste dia alma, vida e coração.
Olhai-me com compaixão, não me deixes, minha Mãe.

MARIA, MÃE DE GRAÇA

Maria, Mãe de graça, Mãe de misericórdia, defendei-nos dos nossos inimigos e amparai-nos na hora da nossa morte.

María, Mater grátiae, Mater misericórdiae, tu me ab hoste protége et hora mortis súscipe.

LEMBRAI-VOS

Lembrai-Vos, ó piíssima Virgem Maria, de que nunca se ouviu dizer que algum daqueles que tivesse recorrido à vossa proteção, implorado a vossa assistência, reclamado o vosso socorro, fosse por Vós desamparado. Animado eu, pois, com igual confiança, a Vós, Virgem das virgens, como a Mãe recorro; de Vós me valho

Memoráre, o piíssima Virgo María, non esse audítum a sáeculo, quemquam ad tua recurréntem praesiídia, tua implorántem auxília, tua peténtem suffrágia, esse derelíctum. Ego tali animátus confidéntia, ad te, Virgo Vírginum, Mater, curro, ad te vénio, coram te gémens peccátor assísto. Noli, Mater Verbi, verba mea despí-

e, gemendo sob o peso dos meus pecados, me prostro a vossos pés. Não desprezeis as minhas súplicas, ó Mãe do Filho de Deus humanado, mas dignai-Vos de as ouvir propícia e de me alcançar o que Vos rogo. Amém.

cere; sed audi propítia et exáudi. Ámen.

Magníficat

Minha alma glorifica o Senhor.
E o meu espírito exulta de alegria em Deus, meu Salvador.
Porque olhou para a baixeza da sua serva, eis que desde agora me chamarão bem-aventurada todas as gerações.
Porque fez em mim grandes coisas Aquele que é poderoso e cujo nome é santo. E a sua misericórdia se estende de geração em geração sobre os que o temem. Manifestou o poder do seu braço, desconcertou os corações dos soberbos. Derrubou do trono os po-

Magníficat* ánima mea Dóminum,
et exultávit spíritus meus* in Deo salvatóre meo, quia respéxit humilitátem ancíllae suae. *
Ecce enim ex hoc beátam me dícent omnes generatiónes, quia fecit mihi magna, qui potens est,*
et sanctum nomen eius, et misericórdia eius in progénies et progénies * timéntibus eum.
Fecit poténtiam in bráchio suo, *
dispérsit supérbos mente cordi sui;
depósuit poténtes de sede* et exaltávit húmiles;

derosos e exaltou os humildes. Saciou de bens os indigentes e despediu de mãos vazias os ricos.

Acolheu Israel, seu servo, lembrando-se da sua misericórdia, conforme prometera a nossos pais, a Abraão e à sua descendência, para sempre.

esuriéntes implévit bonis*
et dívites dimísit inánes.
Suscépit Israel púerum suum, *
recordátus misericórdiae, sicut locútus est ad patres nostros, *
Abraham et sémini eius in sáecula.

Jaculatórias

Rainha concebida sem pecado original, rogai por nós.

Santa Mãe de Deus, sempre Virgem Maria, intercedei por nós.

Mãe dolorosa, rogai por nós.

Santa Maria, Mãe de Deus, rogai por mim.

Regína, sine labe origináli concépta, ora pro nobis.

Sancta Dei Génitrix semper Virgo María, intercéde pro nobis.

Mater dolorósa, ora pro nobis.

Sancta María, Mater Dei, ora pro me.

Hinos e Antífonas
de Nossa Senhora

Alma Redémptoris Mater (Advento)

Ó Mãe do Redentor, Porta do Céu, Estrela do mar, socorrei o povo cristão que procura levantar-se do abismo da culpa. Vós que acolhendo a saudação do Anjo gerastes, com a admiração da natureza, o vosso Santo Criador, ó sempre Virgem Maria, tem piedade dos pecadores.
V. O Anjo do Senhor anunciou a Maria.
R. E Ela concebeu do Espírito Santo.

Alma Redemptóris Mater, quae pérvia caeli Porta manes, et stella maris, succúrre cadénti, Súrgere qui curat, pópulo: tu quae genuísti, Nátura miránte, tuum sanctum Genitórem, Virgo prius ac postérius, Gabriélis ab ore Súmens illud Ave, peccatórum miserére.
V. Ángelus Dómini nuntiávit Maríae.
R. Et concépit de Spíritu Sancto.

ALMA REDÉMPTORIS MATER

Alma Redemptóris Máter, quæ pérvia cæli porta manes, et stella maris, succúrre cadénti, súrgere qui curat, pópulo: tu quæ genuísti, natúra mochinte, tuum sanctum Genitórem, Virgo prius ac postérius, Gabriélis ab ore sumens illud Ave, peccatórum miserére.

Oremos: Infundi, Senhor, nós Vos pedimos, em nossas almas a vossa graça, para que nós, que conhecemos pela Anunciação do Anjo a Encarnação de Jesus Cristo, vosso Filho, cheguemos por sua Paixão e sua Cruz à glória da Res-

Orémus: Grátiam tuam, quáesumus, Dómine, méntibus nostris infúnde: ut qui, Ángelo nuntiánte, Christi Fili tui incarnatiónem cognóvimus; per passiónem eius et crucem, ad resurrectiónis glóriam perducámur. Per eúndem

surreição. Pelo mesmo Jesus Cristo, Senhor Nosso. Amém.

ou

V. Depois do parto permanecestes Virgem intacta.
R. Mãe de Deus, intercedei por nós.

Oremos: Ó Deus, que pela virgindade fecunda da Bem-aventurada Virgem Maria, concedestes a todos os homens graças de Salvação, concedei-nos benignamente que sintamos a intercessão daquela que nos deu o Autor da vida, Jesus Cristo, vosso Filho e Senhor Nosso. Amém.

Christum Dóminum nostrum. Ámen.

vel

V. Post partum, Virgo, inviolátа permansísti.
R. Dei Génitrix, intercéde pro nobis.

Orémus: Deus, qui salútis aetérnae, beátae Maríae virginitáte fecúnda, humano géneri práemia praestitísti: tríbue, quáesumus; ut ipsam pro nobis intercédere sentiámus, per quam merúimus auctórem vitae suscípere, Dóminum nostrum Iesum Christum, Fílium tuum. Ámen.

Ave, Regína
caelórum (Quaresma)

Deus Vos salve, Rainha dos céus,	**A**ve, Regína caelórum,
Deus Vos salve, Senhora dos Anjos,	Ave, Dómina Angelórum:
Deus Vos salve, Raiz e Porta	Salve, rádix, salve, porta,
Por onde veio a luz ao mundo.	Ex qua mundo lux est orta.
Alegrai-Vos, ó Virgem gloriosa,	Gaude, Virgo gloriósa,
A mais bela das mulheres,	Super omnes speciósa.
Santa Mãe de Deus, intercedei por nós, diante do vosso Filho.	Vale, o valde decóra, et pro nobis Christum exóra.
V. Permita-nos que Vos louvemos, Virgem Santíssima.	V. Dignáre me laudáre te, Virgo sacráta.
R. Dai-nos força para vencer vossos inimigos.	R. Da mihi virtútem contra hóstes tuos.

Oremos: Vinde em auxílio da nossa fraqueza, Senhor de misericórdia, e concedei que, celebrando a memória da Santa Mãe de Deus, sejamos purificados dos nossos pecados. Pelo mesmo Jesus Cristo, Senhor Nosso. Amém.

Orémus: Concede, miséricors Deus, fragilitáti nostrae praesídium; ut, qui sanctae Dei Genitrícis memóriam ágimus; intercessiónis eius auxílio, a nostris iniquitátibus resurgámus. Per eúndem Christum Dóminum nostrum. Ámen.

Ave, Regína caelórum

A - ve, Re-gí-na cæ-ló-rum, a-ve, Dó-mi-na An-ge-ló-rum,

sal-ve, ra-dix, sal-ve, por-ta, ex qua mun-do lux est or-ta.

Gau-de Vir-go glo-ri-ó-sa, su-per om-nes spe-ci-ó-sa.

va-le, o val-de de-có-ra, et pro nó-bis

Chris-tum e - xó-ra.

Regína caeli (Tempo Pascal)

V. **R**ainha do céu, alegrai-Vos, aleluia.
R. Porque quem merecestes trazer em vosso seio, aleluia.
V. Ressuscitou como disse, aleluia.
R. Rogai por nós a Deus, aleluia.
V. Exultai e alegrai-Vos, ó Virgem Maria, aleluia.
R. Porque o Senhor ressuscitou verdadeiramente, aleluia.

Oremos: Ó Deus, que Vos dignastes alegrar o mundo com a Ressurreição do vosso Filho Jesus Cristo, Senhor Nosso, concedei-nos, Vos suplicamos que por sua Mãe, a Virgem Maria, alcancemos as alegrias da vida eterna. Pelo mesmo Jesus Cristo, Senhor Nosso. R. Amém.

V. **R**egína caeli, laetáre, allelúia.
R. Quia quem meruísti portáre, allelúia.
V. Resurréxit sicut díxit, allelúia.
R. Ora pro nobis Deum, allelúia.
V. Gaude et laetáre, Virgo María, allelúia.
R. Quia surréxit Dóminus vere, allelúia.

Orémus: Deus qui per resurrectiónem Fílii tui, Dómini nostri Iesu Christi, mundum laetificáre dignátus es: praesta, quáesumus, ut per eius Genitrícem Vírginem Mariam, perpétuae capiámus gáudia vitae. Per eúndem Christum Dóminum nostrum.
R. Ámen.

Regína caeli

Regína caeli, laetáre, allelúia, quia quem meruísti portáre, allelúia, resurréxit sicut dixit, allelúia; ora pro nobis Deum, allelúia.

Ave María

Ave, Maria, cheia de graça, o Senhor é convosco, bendita sois Vós entre as mulheres e bendito é o fruto do vosso ventre, Jesus. Santa Maria, Mãe de Deus, rogai por nós, pecadores, agora e na hora da nossa morte. Amém.

Ave María, grátia plena, Dóminus tecum, benedícta tu in muliéribus, et benedíctus fructus ventris tui, Iesus. Sancta María, Mater Dei, ora pro nobis peccatóribus, nunc, et in hora mortis nostrae. Ámen.

Ave María

A - ve Ma - rí - a, grá - ti - a plé - na, Dó - mi - nus te - cum, be - ne - díc - ta tu in mu - li - é - ri - bus, et be - ne - díc - tus fruc - tus ven - tris tu - i, Ie - sus. Sanc - ta Ma - rí - a, Ma - ter De - i, o - ra pro no - bis pec - ca - tó - ri - bus, nunc et in ho - ra mor - tis nos - træ. A - men.

AVE, MARIS STELLA

Ave do mar Estrela,
Bendita Mãe de Deus,
Fecunda e sempre Virgem,
Portal feliz dos céus.

Ouvindo aquele Ave
do Anjo Gabriel,
mudando de Eva o nome,
trazei-nos paz do céu.

Ao cego iluminai,
ao réu livrai também,
de todo mal guardai-nos
e dai-nos todo o bem.

Mostrai ser nossa Mãe,
levando a nossa voz
a Quem, por nós nascido,
dignou-se a vir de Vós.

Suave mais que todas,
ó Virgem sem igual,
fazei-nos mansos, puros,
guardai-nos contra o mal.

Oh, dai-nos vida pura,
guiai-nos para a luz,
e um dia, ao vosso lado,
possamos ver Jesus.

Louvor a Deus, o Pai,
e ao Filho, Sumo Bem,

Ave, máris stélla,
Dei Mater álma,
atque semper Vírgo,
félix caeli porta.

Súmens illud Ave
Gabriélis ore,
fúnda nos in pace,
mútans Evae nómen.

Sólve víncula reis,
prófer lúmen caecis,
mala nostra pélle,
bóna cúncta pósce.

Mónstra te ésse mátrem:
súmat per te précem,
qui pro nobis nátus,
túlit esse túus.

Vírgo singuláris,
inter omnes mítis,
nos culpis solútos,
mites fac et castos.

Vítam praesta púram,
íter para tútum:
ut vidéntes Iesum
semper collaetémur.

Sit laus Deo Patri,
súmmo Christo décus,

| com seu Divino Espírito agora e sempre. Amém. | Spíritui Sáncto tribus honorémus. Ámen. |

AVE, MARIS STELLA

A-ve, máris stélla, Déi Mater álma,

atque semper vírgo, félix cæli pórta.

Súmens íllud "A-ve" Gabriélis óre,

fúnda nos in páce, mútans Evæ nómen.

Sólve víncla réis, prófer lúmen cæcis,

mala nostra pélle, bóna cúncta pósce.

Mónstra te ésse mátrem, súmat per te précem,

qui pro nóbis nátus túlit ésse túus.

Vírgo singuláris, inter ómnes mítis,

nos cúlpis solútos, mítes fac et cástos.

Vítam præsta púram, íter para tútum,

ut vidéntes Iésum, sémper collætémur.

Sit laus Déo Pátri, súmmo Chrísto décus,

Spirítui Sáncto tríbus hónor únus.

A- men.

À VOSSA PROTEÇÃO

À vossa proteção nos acolhemos, Santa Mãe de Deus; não desprezeis as súplicas que em nossas necessidades Vos dirigimos, mas livrai-nos sempre de todos os perigos, ó Virgem gloriosa e bendita. Amém.

Sub tuum praesídium confúgimus, Sancta Dei Génitrix. Nostras deprecatiónes ne despícias in necessitátibus, sed a perículis cunctis líbera nos semper, Virgo␣gloriósa et benedícta. Ámen.

SUB TUUM PRAESIDIUM

Sub tú-um præ-sí-di-um con-fú-gi-mus, sanc-ta Dé-i Gé-ni-trix; nos-tras de-pre-ca-ti-ó-nes ne des-pí-ci-as in ne-ces-si-tá-ti-bus, sed a pe-rí-cu-lis cúnc-tis lí-be-ra nos sem-per, Vir-go glo-ri-ó-sa et be-ne-díc-ta.

SALVE RAINHA

Salve, Rainha, Mãe de misericórdia, vida, doçura, esperança nossa, salve! A Vós bradamos, os degredados filhos de Eva. A Vós suspiramos, gemendo e chorando neste vale de lágrimas. Eia, pois, advogada nossa, esses vossos olhos misericordiosos a nós volvei, e depois deste desterro mostrai-nos Jesus, bendito fruto do vosso ventre. Ó clemente, ó piedosa, ó doce sempre Virgem Maria. Amém.

Salve, Regína, mater misericórdiae, vita, dulcédo, et spes nostra, salve. Ad te clamámus éxsules fílii Evae. Ad te suspirámus, geméntes et flentes in hac lacrimárum valle. Eia, ergo, advocáta nostra, illos tuos misericórdes óculos ad nos convérte. Et Iesum, benedíctum fructum ventris tui, nobis post hoc exsílium osténde. O clémens, o pía, o dulcis Virgo María. Ámen.

SALVE REGÍNA (SOLENE)

Sal- ve, Re- gí- na, ma- ter mi- se- -ri- cór- di- æ; vi- ta, dul- cé- do, et spes nos- tra, sal- ve. Ad te cla- má- mus,

éx - su - les fí - li - i E - væ. Ad te
sus - pi - rá - mus, ge - mén - tes et flén - tes in
hac la - cri - má - rum val - le. E - ia er - go,
ad - vo - cá - ta nos - tra, il - los tu - os mi - se - ri - cór -
des ó - cu - los ad nos con - ver - te.
Et Ie - sum, be - ne - díc - tum fruc - tum ven - tris tu - i,
no - bis post hoc ex - sí - li - um ós - ten - de.
O clé - mens. O pi - a.
O dul - cis Vir - go Ma - rí - a.

SALVE REGÍNA (POPULAR)

Salve, Regína, mater misericórdiæ; vita, dulcédo, et spes nostra, salve. Ad te clamámus, éxsules fílii Evæ. Ad te suspirámus, geméntes et fléntes in hac lacrimárum valle. Eia ergo, advocáta nostra, illos tuos misericórdes óculos ad nos convérte. Et Iesum, benedíctum fructum ventris tui, nobis post hoc ex-sí- li- um ós- ten- de. O clé- mens. O pi- a. O dul- cis Vir-go Ma-rí- a.

V. Rogai por nós, santa Mãe de Deus.
R. Para que sejamos dignos das promessas de Cristo.

Oremos: Senhor eterno e onipotente Deus, que Vos dignastes preparar o corpo e a alma da gloriosa Virgem Maria para digna morada do vosso filho, fazei que sejamos livres da morte eterna e dos males que nos rodeiam, pela intercessão dAquela cuja comemoração nos alegra. Pelo mesmo Jesus Cristo, Senhor Nosso.
R. Amém.

V. Ora pro nobis, sancta Dei Génitrix.
R. Ut digni efficiámur promissiónibus Christi.

Orémus: Omnípotens sempitérne Deus, qui gloriósae Vírginis Matris Maríae corpus et ánimam, ut dignum Fílii tui habitáculum éffici mererétur, Spíritu Sancto cooperánte, praeparásti: da, ut cuius commemoratióne laetámur; eius pía intercessióne, ab instántibus malis, et a morte perpétua liberémur. Per eúndem Christum Dóminum nostrum.
R. Ámen.

V. Que o divino auxílio nos acompanhe sempre.
R. Amém.

V. Divínum auxílium máneat semper nobíscum.
R. Ámen.

X. DEVOÇÃO A SÃO JOSÉ

Oração a São José
para Santificar o trabalho

Ó Glorioso São José, modelo de todos os que se consagram ao trabalho, alcançai-me a graça de trabalhar com espírito de penitência, em expiação dos meus pecados; de trabalhar com consciência, pondo o cumprimento do meu dever acima das minhas inclinações naturais; de trabalhar com agradecimento e alegria, olhando como uma honra o poder desenvolver por meio do trabalho os dons recebidos de Deus.

Alcançai-me a graça de trabalhar com ordem, constância, intensidade e presença de Deus, sem jamais retroceder ante as dificuldades; de trabalhar, acima de tudo, com pureza de intenção e desapego de mim mesmo, tendo sempre diante dos olhos todas as almas e as contas que prestarei a Deus: a do tempo perdido, das habilidades inutilizadas, do bem omitido e das vaidades estéreis em meus trabalhos, tão contrárias à obra de Deus.

Tudo por Jesus, tudo por Maria, tudo à vossa imitação, ó patriarca São José. Esse será o meu lema na vida e na hora da morte. Amém.

Sete domingos de São José

Seguindo uma antiga tradição, a Igreja dedica os sete domingos anteriores à festa de São José (no dia 19 de março) para recordar as principais dores e gozos da sua vida. Esta devoção, no entanto, pode ser praticada em qualquer época do ano.

Primeiro Domingo (Mt 1, 18-25)
Ó Esposo puríssimo de Maria Santíssima, glorioso São José, assim como foi grande a amargura do vosso coração na perplexidade de abandonardes a vossa castíssima Esposa, assim foi indizível a vossa alegria quando pelo Anjo Vos foi revelado o soberano mistério da Encarnação.
Por esta Dor e por este Gozo, Vos pedimos a graça de consolardes agora e nas extremas dores, nossa alma, com a alegria de uma vida justa e de uma santa morte semelhante à vossa, assistidos por Jesus e por Maria.
Pai Nosso, Ave Maria, Glória.
V. São José. R. Rogai por nós.

Segundo Domingo (Lc 2, 1-20)
Ó felicíssimo Patriarca, glorioso São José, que fostes escolhido como Pai adotivo do Verbo humanado, a Dor que sentistes ao ver nascer em tanta pobreza o Deus Menino se Vos mudou em júbilo celeste ao ouvirdes a angélica harmonia e ao contemplares a glória daquela noite brilhantíssima.
Por esta Dor e por este Gozo, Vos suplicamos a graça de nos alcançardes que, depois da jornada desta vida, passemos a ouvir os angélicos louvores e a gozar dos esplendores da glória celeste.
Pai Nosso, Ave Maria, Glória.
V. São José. R. Rogai por nós.

Terceiro Domingo (Lc 2, 21; Mt 1, 25)
Ó obedientíssimo das divinas Leis, glorioso São José, o sangue preciosíssimo que na Circuncisão derramou o Redentor Menino Vos trespassou o coração, mas o nome de Jesus vo-lO reanimou, enchendo-O de contentamento.
Por esta Dor e por este Gozo, alcançai-nos viver sem pecado, a fim de expiar cheios de júbilo, com o nome de Jesus no coração e nos lábios.
Pai Nosso, Ave Maria, Glória.
V. São José. R. Rogai por nós.

Quarto Domingo (Lc 2, 22-35)
Ó fidelíssimo Santo, glorioso São José, que também tivestes parte nos mistérios de nossa Redenção, se a profecia de Simeão a respeito do que Jesus e Maria teriam de padecer Vos causou mortal angústia, também Vos encheu de sumo Gozo pela salvação e gloriosa Ressurreição que, como igualmente predisse, teria de resultar para inumeráveis almas.
Por esta Dor e por este Gozo, obtende-nos que sejamos do número daqueles que, pelos méritos de Jesus e pela intercessão da Santíssima Virgem sua Mãe, hão de ressuscitar gloriosamente.
Pai Nosso, Ave Maria, Glória.
V. São José. R. Rogai por nós.

Quinto Domingo (Mt 2, 13-14; Is 19, 1)
Ó vigilantíssimo custódio, íntimo familiar do Filho de Deus Encarnado, glorioso São José, quanto sofrestes para alimentar e servir o Filho do Altíssimo, particularmente na fuga com Ele para o Egito. Mas qual não foi também vosso Gozo por terdes sempre convosco o mesmo Deus e por verdes cair por terra todos os ídolos egípcios.

Por esta Dor e por este Gozo, alcançai-nos que, afastando para longe de nós o infernal tirano, especialmente com a fuga das ocasiões perigosas, sejam derrubados dos nossos corações todos os ídolos dos afetos terrenos, e que, inteiramente dedicados ao serviço de Jesus e de Maria, para Eles somente vivamos e na alegria do seu amor expiremos.
Pai Nosso, Ave Maria, Glória.
V. São José. R. Rogai por nós.

SEXTO DOMINGO (Mt 2, 19-23; Lc 2, 40)
Ó anjo na terra, glorioso São José, que cheio de pasmo vistes o Rei do Céu submisso aos vossos mandatos, se a vossa consolação, ao reconduzi-lO do Egito, foi turbada pelo temor de Arquelau, filho de Herodes, contudo, sossegado pelo Anjo, permanecestes alegre em Nazaré com Jesus e Maria.
Por esta Dor e por este Gozo, alcançai-nos a graça de desterrar do nosso coração todo temor nocivo, de gozar a paz de consciência, de viver seguros com Jesus e Maria, e também de morrer assistidos por Eles.
Pai Nosso, Ave Maria, Glória.
V. São José. R. Rogai por nós.

SÉTIMO DOMINGO (Lc 2, 41-50)
Ó exemplar de toda a santidade, glorioso São José, perdestes sem culpa o Menino Jesus, e para maior angústia houvestes de buscá-lO por três dias, até que, com sumo júbilo, gozastes do que era vossa vida, achando-O no Templo entre os doutores.
Por esta Dor e por este Gozo, Vos suplicamos com palavras saídas do coração, que intercedais a nosso favor para que nunca nos aconteça perder a Jesus por algum

pecado grave. Mas, se por desgraça O perdermos, fazei com que O procuremos com tal dor que não tenhamos sossego até encontrá-lO, benigno, especialmente na hora da nossa morte, para podermos glorificá-lO no Céu e lá cantarmos eternamente suas divinas misericórdias.
Pai Nosso, Ave Maria, Glória.
V. São José. R. Rogai por nós.

Oração a São José

Ó Deus, que com inefável providência Vos dignastes eleger São José esposo de vossa Santíssima Mãe, fazei que mereçamos ter no céu a intercessão daquele que veneramos na terra. Vós que viveis e reinais por todos os séculos dos séculos. Amém.

Deus, qui inefábili providéntia beátum Ioseph sanctíssima Genitrícis tuae sponsum elígere dignátus es: praesta, quáesumus; ut, quem protectórem venerámur in terris, intercessórem habére mereámur in caelis. Qui vivis et regna per ómnia sáecula saeculórum. Ámen.

Oração a São José para pedir a graça da boa morte

São José, meu amável protetor, que morrestes nos braços de Jesus e Maria, socorrei-me em todas as necessidades e perigos da vida, mas principalmente na hora suprema, vindo suavizar minhas dores, enxugar minhas lágrimas, fechar suavemente meus olhos, enquanto pronunciar os dulcíssimos nomes: Jesus, Maria, José, salvai a minha alma. Amém.

Te Ioseph

Celebrem-Vos as celestes multidões, louve o vosso nome o coro dos cristãos, José, cujas virtudes mereceram os esponsais da Virgem.

Surpreso e cheio de aflição, notando que a casta esposa havia concebido, veio um Anjo do céu a revelar-Vos o segredo de Deus.

Abraçastes o Senhor recém-nascido, ao Egito a fugir o acompanhastes; quando o encontrastes na cidade santa, de alegria chorastes.

Os outros homens só depois da morte podem participar de Deus na glória; gozastes em vida, mais feliz que os outros, sustentá-lO nos braços.

Trindade augusta, nós Vos suplicamos, pelos merecimentos de José, que al-

Te, Ioseph, célebrent ágmina cáelitum, te cuncti résonent Christiádum chori, qui, clarus méritis, iunctus es ínclitae, casto fóedere, Vírgini.

Almo cum túmidam gérmine cóniugem ádmirans dúbio tángeris ánxius, áfflatu súperi fláminis, Ángelus concéptum púerum docet.

Tu nátum Dóminum stríngis, ad éxteras Aegýpti prófugum tu séqueris plágas; amíssum Sólymis quaéris et ínvenis, miscens gáudia flétibus.

Post mortem réliquos sors pía cónsecrat palmámque eméritos glória súscipit. Tu vívens, súperis par, frúeris Deo, mira sorte beátior.

Nobis, summa Trias, parce precántibus; da Ioseph méritis sídera scándere, ut

cancemos o céu, a bendizer-Vos em cânticos de júbilo. Amém.

tandem líceat nos tibi perpétim grátum prómere cánticum. Ámen.

Te Ioseph

Te, Ioseph, célebrent ágmina cǽlitum:
te cuncti résonent christiadum chori,
qui clarus méritis, iunctus es ínclitæ
casto fœdere Vírgini. Almo cum túmidam
gérmine cóniugem admírans, dúbio
tángeris ánxius, afflátu súperi
fláminis Ángelus concéptum púerum docet.
Tu natum Dóminum stringis, ad éxteras

Ægýpti prófugum tu séqueris plagas;
a míssum Sólymis quæris, et ínvenis,
miscens gáudia flétibus. Post mortem
réliquos sors pia cónsecrat, palmámque
eméritos glória súscipit. Tu vivens,
súperis par, frúeris Deo, mira sorte
beátior. Nobis, summa Trias, parce
precántibus, da Ioseph méritis sídera
scándere; ut tandem líceat

nos ti-bi pér-pe- tim gra-tum pró- me-re cán-ti- cum.

A- men.

Ladainha de São José

V. **S**enhor, tende piedade de nós.

R. **S**enhor, tende piedade de nós.

V. Jesus Cristo, tende piedade de nós.

R. Jesus Cristo, tende piedade de nós.

V. Senhor, tende piedade de nós.

R. Senhor, tende piedade de nós.

V. **K**ýrie, eléison.

R. Kýrie, eléison.

V. Christe, eléison.

R. Christe, eléison.

V. Kýrie, eléison.

R. Kýrie, eléison.

V. Jesus Cristo, ouvi-nos. R. Jesus Cristo, ouvi-nos.	V. Christe, áudi nos. R. Christe, áudi nos.
V. Jesus Cristo, atendei-nos. R. Jesus Cristo, atendei-nos.	V. Christe, exáudi nos. R. Christe, exáudi nos.
V. Deus, Pai dos Céus, R. Tende piedade de nós.	V. Pater de caelis, Deus, R. Miserére nobis.
V. Deus Filho, Redentor do mundo, R. Tende piedade de nós.	V. Fili, Redémptor mundi, Deus, R. Miserére nobis.
V. Deus Espírito Santo, R. Tende piedade de nós.	V. Spíritus Sancte, Deus, R. Miserére nobis.
V. Santíssima Trindade, que sois um só Deus, R. Tende piedade de nós.	V. Sancta Trínitas, unus Deus, R. Miserére nobis.
V. Santa Maria, R. Rogai por nós.	V. Sancta María, R. Ora pro nobis.
(Repete-se a mesma resposta a partir daqui)	*(Hinc simíliter respondétur)*
V. São José, Ilustre filho de Davi, Luz dos Patriarcas, Esposo da Mãe de Deus, Casto guarda da Virgem, Sustentador do Filho de Deus, Zeloso defensor de Jesus Cristo, Chefe da Sagrada Família, José justíssimo, José castíssimo,	V. Sancte Joseph, Proles David ínclita, Lúmen Patriarchárum, Dei Genitrícis sponse, Custos pudíce Vírginis, Fílii Dei nutrítie, Christi defénsor sédule, Almae Famíliae praeses, Ioseph iustíssime, Ioseph castíssime,

V. José prudentíssimo,
José fortíssimo,
José obedientíssimo,
José fidelíssimo,
Espelho de paciência,
Amante da pobreza,
Modelo dos operários,
Honra da vida de família,
Guarda das Virgens,
Sustentáculo das famílias,
Alívio dos miseráveis,
Esperança dos doentes,
Patrono dos moribundos,
Terror dos demônios,
Protetor da Santa Igreja,

V. Cordeiro de Deus, que tirais os pecados do mundo,
R. Perdoai-nos Senhor.

V. Cordeiro de Deus, que tirais os pecados do mundo,
R. Ouvi-nos Senhor.

V. Cordeiro de Deus, que tirais os pecados do mundo,
R. Tende piedade de nós.

V. Ele constituiu-o Senhor da Sua casa,
R. E fê-lo príncipe de todos os Seus bens.

Oremos: Ó Deus, que por inefável providência Vos

V. Ioseph prudentíssime,
Ioseph fortíssime,
Ioseph oboedientíssime,
Ioseph fidelíssime,
Spéculum patiéntiae,
Amátor paupertátis,
Exémplar opíficum,
Domésticae vitae decus,
Custos vírginum,
Familiárum cólumen,
Solátium miserórum,
Spes aegrotántium,
Patróne moriéntium,
Terror dáemonum,
Protéctor Sanctae Ecclésiae,

V. Agnus Dei, qui tollis peccáta mundi,
R. Parce nobis, Dómine.

V. Agnus Dei, qui tollis peccáta mundi,
R. Exáudi nos, Dómine.

V. Agnus Dei, qui tollis peccáta mundi,
R. Miserére nobis.

V. Constítuit eum dóminum domus suae,
R. Et príncipem omnis possessiónis suae.

Orémus: Deus, qui ineffábili providéntia beátum Io-

dignastes escolher a São José por esposo de vossa Mãe Santíssima; concedei-nos, Vo-lo pedimos, que mereçamos ter por intercessor no Céu, aquele que veneramos na terra como protetor. Vós que viveis e reinais por todos os séculos dos séculos. Amém.

seph sanctíssimae Genitrícis tuae sponsum elígere dignátus es: praesta, quáesumus; ut, quem protectórem venerámur in terris, intercessórem habére mereámur in caelis: Qui vivis et regnas in sáecula saeculórum. Ámen.

XI. DEVOÇÃO AOS SANTOS ANJOS

São Miguel Arcanjo

Seu nome significa: "Quem como Deus? ou "Nada é como Deus". São Miguel é citado três vezes na Bíblia. No livro de Daniel: "Ao final dos tempos aparecerá Miguel, o grande Príncipe que defende os filhos do povo de Deus. E então os mortos ressuscitarão. Os que fizerem o bem irão para a Vida Eterna, e os que fizerem o mal, para o horror eterno" (Dn 12, 1-3). No Livro do Apocalipse: "Houve uma batalha no céu: Miguel e seus anjos tiveram de combater o dragão. O dragão e seus anjos combateram mas não puderam vencer e não houve mais lugar para eles no céu" (Ap 12, 7-8). Na carta de São Judas (Jud 9): "O Arcanjo Miguel, quando enfrentou o diabo, disse: «Que o Senhor te repreenda»". Por isso São Miguel é mostrado em combate com o dragão infernal. A Igreja Católica tem uma especial devoção por São Miguel Arcanjo, especialmente para pedir-lhe que nos livre das ciladas do demônio e dos espíritos maléficos.

Oração a São Miguel Arcanjo

São Miguel Arcanjo, protegei-nos com o vosso escudo contra as maldades e ciladas do demônio. Subjugue-o Deus, instantemente o pedimos; e vós, Príncipe da milícia celeste, pelo divino poder precipitai no inferno a Satanás e aos outros espíritos malignos que andam pelo mundo para a perder as almas. Amém.

Sancte Míchaël Archángele, defénde nos in proelio, contra nequítiam et insídias diáboli esto praesídium. Impéret illi Deus, súpplices deprecámur: tuque, Princeps milítiae caeléstis, sátanam aliósque spíritus malígnos, qui ad perditiónem animárum pervagántur in mundo, divína virtúte in inférnum detrúde. Ámen.

São Gabriel Arcanjo

Seu nome significa: "Deus é meu protetor". Este Arcanjo é mencionado várias vezes nas Sagradas Escrituras. Foi ele quem anunciou ao profeta Daniel a vinda do Redentor (Dn 9, 21-27). Ao Arcanjo Gabriel foi confiada a mais elevada missão que jamais havia sido confiada a alguém: anunciar a encarnação do Filho de Deus. Por essa razão é muito venerado desde a antiguidade. Quando apareceu a Zacarias para anunciar-lhe que ia ter por filho João Batista, apresentou-se assim: "Eu sou Gabriel, assistente diante de Deus. Fui enviado para te falar e dar esta boa-nova" (Lc 1, 19).

Oração a São Gabriel Arcanjo

Ó Deus, que entre a multidão dos Anjos escolhestes o Arcanjo Gabriel para anunciar o mistério de vossa Encarnação; concedei-nos benignamente que, celebrando sua festa na terra, possamos sentir os efeitos de sua proteção no céu. Vós que viveis e reinais por todos os séculos dos séculos. Amém.

Deus, qui inter céteros Ángelos, ad annuntiándum incarnatiónis tuae mystérium, Gabriélem Archángelum elegísti; concéde propítius, ut qui féstum eius celebrámus in terris, ipsius patrocínium sentiámus in caelis: qui vivis et regnas in sáecula saeculórum. Ámen.

São Rafael Arcanjo

O nome Rafael vem do hebraico e quer dizer: "Deus te cura" ou "Medicina de Deus". É um dos três Arcanjos mencionados na Bíblia. No livro de Tobias (Tb 12, 15), encontramos: "Eu sou Rafael, um dos sete anjos que permanecem diante da glória do Senhor e têm acesso à sua presença.". Foi o Arcanjo enviado por Deus para curar a cegueira de Tobias e acompanhar o filho deste numa longa e perigosa viagem para conseguir uma esposa.

Oração a São Rafael Arcanjo

Ó Deus, que destes o Arcanjo Rafael como guia ao vosso servo Tobias em seu caminho, concedei-nos também que ele sempre nos guarde e nos preste o auxílio de sua proteção. Por Nosso Senhor Jesus Cristo. Amém.

Deus, qui beátum Raphaélem Archángelum Tobíae fámulo tuo cómitem dedísti in via: concéde nobis fámulis tuis; ut eiúsdem semper protegámur custódia et muniámur auxílio. Per Dóminum nostrum Iesum Christum. Ámen.

AOS ANJOS DA GUARDA

Cada fiel é ladeado por um anjo como protetor e pastor para conduzi-lo à vida (S. Basílio). Ainda aqui na terra, a vida cristã participa da sociedade bem-aventurada dos anjos e dos homens, unidos em Deus (cfr. Catecismo da Igreja Católica, n. 336).

Santos Anjos da Guarda defendei-nos no combate, a fim de não sermos condenados.

V. Na presença dos Anjos cantarei salmos.

R. Adorar-Vos-ei em vosso santo templo e glorificarei o vosso Nome.

Oremus: Ó Deus, que por inefável providência Vos dignais enviar vossos santos Anjos para nossa guarda, concedei aos que Vos suplicam, sejamos sempre defendidos por sua proteção e possamos gozar eternamente da sua companhia. Por Nosso Senhor Jesus Cristo.
R. Amém

Sancti Ángeli, custódes nostri, deféndite nos in próelio, ut non pereámus in tremendo iudício.

V. In conspéctu Angelórum psállam tibi, Deus meus.

R. Adorábo ad témplum sánctum tuum et confitébor nómini tuo.

Orémus: Deus, qui ineffábili providéntia sanctos Ángelos tuos ad nostram custódiam míttere dignéris, largíre supplícibus tuis, et eórum semper protectióne deféndi, et Aetérna sociáte gaudére. Per Dóminum nostrum Iesum Christum.
R. Ámen.

Santo Anjo do Senhor

Santo Anjo do Senhor, meu zeloso guardador, se a ti me confiou a piedade divina, sempre (*hoje, esta noite*) me rege e guarda, governa e ilumina. Amém.

Ángele Dei, qui custos es mei, me tibi commíssum pietáte supérna (*hódie, hac nocte*) illumína, custódi, rege et gubérna. Ámen.

Jaculatórias

Bendizei ao Senhor, vós, todos os seus Anjos, poderosos em força, que cumpris suas ordens, logo que ouvis a sua palavra.

Benedícite Dómino, omnes Ángeli eius, poténtes virtúte, faciéntes verbum illíus in audiéndo vocem sermónum eius.

Santo Anjo da Guarda, rogai por nós.

Sancti Ángeli custódes nostri, oráte pro nobis.

XII. O SACRAMENTO DA PENITÊNCIA

(cfr. *Catecismo da Igreja Católica*, ns. 1440-1498)

Para fazer uma boa confissão é necessário:
1. *Examinar a consciência*, isto é, recordar na presença de Deus todos os pecados cometidos – e ainda não confessados – por pensamentos, palavras, atos e omissões, contra os Mandamentos de Deus e da Igreja, e contra as obrigações do próprio estado.
2. *Ter dor por ter ofendido a Deus.* Consiste num desgosto e numa sincera detestação da ofensa feita a Deus. A dor deve ser: interna, sobrenatural, suma e universal. A dor dos nossos pecados é o mais importante de tudo: se faltar, a confissão é nula.
3. *Fazer o propósito de não tornar a pecar.* Ter uma firme resolução de não tornar a pecar e de empregar os meios necessários para evitar o pecado.
4. *Declarar sinceramente os pecados ao confessor*, detalhando a espécie de pecado e o número, se são graves. A acusação deve ser: humilde, sincera, prudente e breve.
5. *Cumprir a penitência.*

CELEBRAÇÃO DO SACRAMENTO DA CONFISSÃO

O penitente diz a saudação habitual:

Louvado seja Nosso Senhor Jesus Cristo.

ou

Abençoai-me, Padre, porque pequei.

e se benze.

O sacerdote diz:

O Senhor esteja em teu coração para que, arrependido, confesses os teus pecados.	Dóminus sit in corde tuo, ut ánimo contríto confiteáris peccáta tua.

O sacerdote ou o penitente pode ler ou dizer de cor algumas palavras da Sagrada Escritura sobre a misericórdia de Deus e o arrependimento; por exemplo:

Senhor, Tu sabes tudo; Tu sabes que eu te amo (Jo 21, 17).	Dómine, Tu ómnia nosti; Tu scis quia amo te (Ioh XXI, 17).

O penitente acusa-se dos seus pecados. O sacerdote dá os conselhos oportunos e impõe a penitência.

O sacerdote convida o penitente a manifestar a contrição. O penitente pode dizer, por exemplo:

Senhor Jesus, Filho de Deus, tende piedade de mim, que sou um pecador.	Dómine Iesu, Fílii Dei, miserére mei peccatóris.

O sacerdote dá a absolvição:

Deus, Pai de misericórdia, que, pela morte e ressurreição de seu Filho, reconciliou o mundo consigo e enviou o Espírito Santo para remissão dos pecados, te conceda, pelo ministério da Igreja, o perdão e a paz.	Deus, Pater misericordiárum, qui per mortem et resurrectiónem Fílii sui mundum sibi reconciliávit et Spíritum Sanctum effúdit in remissiónem peccatórum, per ministérium Ecclésiae, indulgéntiam tibi tríbuat et pacem.
E EU TE ABSOLVO DOS TEUS PECADOS, EM NOME DO PAI, E DO FILHO † E DO ESPÍRITO SANTO.	ET EGO TE ABSOLVO A PECCÁTIS TUIS IN NÓMINE PATRIS ET FÍLII † ET SPÍRITUS SANCTI.
R. Amém.	R. Ámen.

O sacerdote prossegue:

A Paixão de Nosso Senhor Jesus Cristo, a intercessão da Virgem Maria e de todos os santos, as tuas boas obras e a tua paciência na adversidade, sirvam de remédio para os teus pecados, aumento de graça e prêmio da vida eterna. Vai em paz.	Pássio Dómini nostri Iesus Christi, intercéssio beáte Maríae Vírginis et ómnium Sanctórum, quidquid boni féceris et mali sustinúeris, sint tibi in remédium peccatórum, augméntum grátiae et práeminum vitae aetérnae. Vade in pace.

Oração de Agradecimento pela Confissão

Ó bondade, ó misericórdia infinita do meu Deus! Graças Vos rendo por me haverdes perdoado os meus pecados, e de novo os detesto de todo o meu coração. Concedei-me a graça, meu Salvador, pela virtude do Sacramento da Penitência que acabo de receber, de não recair nestes pecados, e de levar de hoje em diante uma vida toda nova, sempre assistido pela vossa graça e perseverando no vosso amor até a hora da minha morte. Amém.

Salmos Penitenciais

Salmo 50 (51)

1. **T**ende piedade de mim, ó Deus, por vossa bondade! Por vossa grande compaixão, apagai meus delitos!	1. **M**iserére mei, Deus,* secúndum mágnam misericórdiam tuam; et secúndum multitúdinem miseratiónum tuárum:* dele iniquitátem meam.

2. Lavai-me por completo da minha iniquidade e purificai-me do meu pecado!	2. Ámplius lava me ab iniquitáte mea,* et a peccáto meo munda me.
3. Pois reconheço meus delitos e tenho sempre presente o meu pecado.	3. Quóniam iniquitátem meam ego cognósco,* et peccátum meum contra me est semper.
4. Contra vós, só contra vós pequei, pratiquei o mal diante dos vossos olhos. Sereis considerado justo na sentença, incontestável no julgamento.	4. Tibi, soli peccávi et malum coram te feci;* ut iustifíceris in sermónibus tuis, et vincas cum iudicáris.
5. Eis que nasci em iniquidade, em pecado minha mãe me concebeu.	5. Ecce enim in iniquitátibus concéptus sum,* et in peccátis concépit me mater mea.
6. Eis a verdade! Vós a amais no fundo do coração: ensinai-me, pois, no íntimo a sabedoria!	6. Ecce enim veritátem dilexísti* incérta et occúlta sapiéntiae tuae manifestásti mihi.
7. Purificai-me com o hissope, e ficarei limpo! Lavai-me, e ficarei mais branco que a neve!	7. Aspérges me hyssópo, et mundábor;* lavábis me, et super nívem dealbábor.
8. Fazei-me sentir gozo e alegria, e exultem os ossos que esmagastes!	8. Audítui meo dabis gáudium et laetítiam,* et exultábunt ossa humiliáta.

9. Desviai vossa face de meus pecados e apagai todas as minhas faltas!

10. Ó Deus, criai em mim um coração puro e suscitai em meu peito um espírito resoluto!

11. Não me rejeiteis de vossa presença nem retireis de mim vosso santo espírito!

12. Concedei-me o gozo de vossa salvação e um espírito generoso que me ampare!

13. Ensinarei aos ímpios vossos caminhos, e para Vós voltarão os pecadores.

14. Livrai-me da pena de sangue, ó Deus, meu Deus salvador, e minha língua aclamará vossa justiça.

15. Abri, Senhor, os meus lábios e a minha boca proclamará vosso louvor.

16. Não quereis que Vos ofereça um sacrifício, nem aceitaríeis um holocausto.

9. Avérte fáciem tuam a peccátis meis,* et omnes iniquitátes meas dele.

10. Cor mundum crea in me, Deus,* et spíritum réctum ínnova in viscéribus meis.

11. Ne proícias me a fácie tua* et spíritum sanctum tuum ne áuferas a me.

12. Redde mihi laetítiam salutáris tui* et spíritu principáli confírma me.

13. Docébo iníquos vias tuas,* et ímpii ad te converténtur.

14. Líbera me de sanguínibus, Deus, Deus salútis meae,* et exultábit língua mea iustítiam tuam.

15. Dómine, lábia mea apéries,* et os meum annuntiábit láudem tuam.

16. Quóniam si voluísses sacrifícium, dedíssem útique,* holocáustis non delectáberis.

17. Em vez de sacrifícios, ó Deus, um espírito contrito, sim, um coração contrito e humilhado Vós, ó Deus, não rejeitais.

18. Em vossa benevolência, favorecei a Sião e reconstruí os muros de Jerusalém!

19. Então aceitareis os sacrifícios prescritos: holocaustos e oferendas completas, como também novilhos, imolados sobre vosso altar.

17. Sacrifícium Deo spíritus contribulátus,* cor contrítum et humiliátum, Deus, non despícies.

18. Benígne fac, Dómine, in bona voluntáte tua Sion,* ut aedificéntur muri Ierúsalem.

19. Tunc acceptábis sacrifícium iustítiae, oblatiónes et holocáusta;* tunc impónent super altáre tuum vítulos.

Salmo 142 (143)

1. Escutai, Senhor, minha oração, prestai ouvido à minha súplica, por vossa fidelidade e justiça, respondei-me!

2. Não citeis perante o tribunal vosso servo, porque, diante de Vós, nenhum ser vivo é justo!

3. O inimigo persegue minha alma, calca por terra

1. Dómine, exáudi oratiónem meam, áuribus pércipe obsecratiónem meam in veritáte tua;* exáudi me in tua iustítia.

2. Et non intres in iudícium cum servo tuo,* quia non iustificábitur in conspéctu tuo omnis vívens.

3. Quia persecútus est inimícus ánimam meam,* hu-

minha vida; relega-me às trevas, como os que há muito já morreram.

4. Falta-me o alento, dentro de mim falha o coração.

5. Lembro-me dos dias de outrora, medito em todas as vossas ações, reflito sobre as obras de vossas mãos.

6. Estendo para Vós as mãos, de Vós minha alma está sedenta como a terra seca.

7. Apressai-vos, Senhor, em responder-me, pois meu alento se extingue! Não me escondais vossa face, senão serei igual aos que descem ao fosso.

8. Fazei-me sentir, pela manhã, vossa misericórdia, pois confio em Vós. Mostrai-me o caminho que devo seguir, pois a Vós me dirijo.

miliávit in terra vitam meam. Collocávit me in obscúris sicut mórtuos sáeculi.

4. Et anxiátus est super me spíritus meus, in me turbátum est cor meum.

5. Memor fui diérum antiquórum, meditátus sum in ómnibus opéribus tuis,* in factis manúum tuárum meditábar.

6. Expándi manus meas ad te,* ánima mea sicut terra sine aqua tibi.

7. Velóciter exáudi me, Dómine;* défecit spíritus meus. Non avértas fáciem tuam a me,* et símilis ero descendéntibus in lacum.

8. Audítam fac mihi mane misericórdiam tuam,* quia in te sperávi. Notam fac mihi viam, in qua ámbulem,* quia ad te levávi ánimam meam.

9. Livrai-me, Senhor, dos inimigos, pois em Vós me refúgio.

10. Ensinai-me a cumprir vossa vontade, pois Vós sois meu Deus. Vosso bom espírito me guie, por terra aplanada!

11. Por vosso nome, Senhor, conservai-me a vida! Por vossa justiça, tirai minha alma da angústia!

12. Por vossa lealdade, destruí meus inimigos e exterminai todos os que me perseguem, porque sou vosso servo!

9. Éripe me de inimícis meis, Dómine, ad te cónfúgi.*

10. Doce me fácere voluntátem tuam, quia Deus meus es tu. Spíritus tuus bonus dedúcet me in terram réctam;*

11. Propter nomen tuum, Dómine, vivificábis me, in aequitáte tua. Edúces de tribulatióne ánimam meam,*

12. Et in misericórdia tua dispérdes inimícos meos. Et perdes omnes qui tríbulant ánimam meam,* Quoniam ego servus tuus sum.

XIII. ORAÇÕES PARA VÁRIAS NECESSIDADES

Pela Igreja

Ó Deus, que na vossa admirável providência quisestes estender o reino de Cristo por toda a terra e levar a todos a redenção, fazei da vossa Igreja universal o sacramento de salvação, manifestando e realizando no mundo o mistério do vosso amor. Por Nosso Senhor Jesus Cristo, vosso Filho, na unidade do Espírito Santo. Amém.

Deus, qui regnum Christi ubíque terrárum dilatári providéntia mirábili disposuísti, et omnes hómines salutáris éffice redemptiónis partícipes, praesta, quáesumus, ut Ecclésia tua universális sit salútis sacraméntum, et tuae in hóminibus caritátis maniféstet et operétur mystérium. Per Dóminum Nostrum Iesum Christum, Fílium tuum, in unitáte Spíritus Sancti. Ámen.

Pelo Romano Pontífice

V. Oremos pelo nosso Beatíssimo Papa N.
R. O Senhor o conserve, lhe dê vida e o torne feliz na terra, e não o entregue em poder dos seus inimigos.

V. Orémus pro Beatíssimo Papa nostro N.
R. Dóminus consérvet eum, vivíficet eum, et beátum fáciat eum in terra, et non trádat eum in ánimam inimicórum eius.

Pelo Papa

Ó Deus, que na vossa Providência quisestes edificar a vossa Igreja sobre São Pedro, chefe dos Apóstolos, fazei que o nosso Papa N., que constituístes sucessor de Pedro, seja para o vosso povo o princípio e o fundamento visível da unidade da fé e da comunhão na caridade. Por Nosso Senhor Jesus Cristo, vosso Filho, na unidade do Espírito Santo. Amém.

Deus, qui providéntiae consílio super beátum Petrum, céteris Apóstolis praepósitum, Ecclésiam tuam aedificári voluísti, réspice propítius ad Papam nostrum N., et concéde, ut, quem Petri constituísti successórem, pópulo tuo visíbile sit unitátis fídei et communiónis princípium et fundaméntum. Per Dóminum Nostrum Iesum Christum, Fílium tuum, in unitáte Spíritus Sancti. Ámen.

Pelo Bispo da Diocese

V. Oremos pelo nosso Bispo NN.
R. Que permaneça firme e apascente a grei com a vossa fortaleza, Senhor, conforme a grandeza do vosso nome.

Oremos: Ó Deus, Pastor eterno dos fiéis, que governais com amor a vossa

V. Orémus et pro Epíscopo nostro NN.
R. Stet et páscat in fortitúdine tua, Dómine, in sublimitáte nóminis tui.

Orémus: Deus, pastor aetérne fidélium, qui Ecclésiae tua multíplici dispen-

Igreja por diversos ministérios, dai que vosso servo N., colocado à frente do vosso povo, presida em nome de Cristo o rebanho de que é pastor, sendo mestre fiel da doutrina, sacerdote da santa liturgia e servidor daqueles que governa. Por Nosso Senhor Jesus Cristo, vosso Filho, na unidade do Espírito Santo. Amém.

satióne praces et amóre domináris, da, quáesumus, fámulo tuo N., quem plebi tuae praefecísti, ut gregi, cuius est pastor, Christi vice praesídeat, et fidélis sit doctrínae magíster. Per Dóminum Nostrum Iesum Christum, Fílium tuum, in unitáte Spíritus Sancti. Ámen.

Pelos sacerdotes

Ó Deus, que fizestes do vosso Filho único sumo e eterno sacerdote, dai aos que Ele escolheu como ministros e dispensadores dos vossos mistérios fidelidade à missão que receberam. Por Nosso Senhor Jesus Cristo, vosso Filho, na unidade do Espírito Santo. Amém.

Deus, qui Unigénitum tuum súmmum aeternúmque constituísti sacerdótem, praesta, ut, quos minístros tuorúmque mysteriórum dispensatóres elégit, in accépto ministério adimpléndo fidéles inveniántur. Per Dóminum Nostrum Iesum Christum, Fílium tuum, in unitáte Spíritus Sancti. Ámen.

Oração pela Unidade da Igreja

Para que todos sejam um; como Vós, Pai, estais em mim e eu em Vós, que também eles sejam um em nós, para que o mundo creia que Vós me enviastes.

V. E Eu te digo, Tu és Pedro.
R. E sobre esta pedra edificarei a Minha Igreja.

Oremos: Senhor Jesus Cristo, que dissestes aos vossos Apóstolos: Deixo-vos a paz, dou-vos a minha paz: não olheis aos nossos pecados, mas a fé que anima a vossa Igreja; e dai-lhe segundo o vosso desejo, a paz e a unidade, Vós, que viveis e reinais pelos séculos dos séculos. Amém.

Ut omnes unum sint, sicut tu Pater, in me et ego in te, ut et in nobis unum sint; ut crédat mundus tu me missísti.

V. Ego dico tibi, quia tu es Petrus.
R. Et super hanc petram aedificábo Ecclésiam meam.

Orémus: Dómine Iesu Christe, qui dixísti Apóstolis tuis: Pacem relínquo vobis, pacem meam do vobis; ne respícias peccáta mea, sed fídem Ecclésiae tuae; eámque secúndum voluntátem tuam pacificáre et coadunáre dignéris. Qui vivis et regnas in sáecula seculórum. Ámen.

Pelos benfeitores

Dignai-Vos, Senhor, Retribuir com a vida eterna a todos os que nos fazem bem por amor do vosso nome. Amém.

Retribúere dignáre, Dómine, ómnibus nobis bona faciéntibus propter nomen tuum vitam aetérnam. Ámen.

Pela Unidade dos Cristãos

Ó Deus todo-poderoso e cheio de misericórdia, que por vosso Filho quisestes reunir a diversidade das nações num só povo, cocedei aos que se gloriam do nome de cristãos rejeitarem toda divisão e se unirem na verdade e na caridade, e assim todos os homens, iluminados pela luz da verdadeira fé, se reúnam em comunhão fraterna numa só Igreja. Por Cristo, Senhor Nosso. Amém.

Omnípotens et miséricors Deus, qui diversitátem géntium in unum pópulum per Fílium tuum adunáre voluísti, concéde propítius ut qui christiáno nómine gloriántur, qualíbet divisióne reiécta, unum sint in veritáte et caritáte, et omnes hómines, verae fídei lúmine illustráti, in unam Ecclésiam fratérna communióne convéniant. Per Christum Dóminum nostrum. Ámen.

Bênção de viagem

V. Que pela intercessão da Bem-aventurada Virgem Maria, tenhamos uma boa viagem: que o Senhor esteja no nosso caminho e os seus Anjos nos acompanhem. Em nome do Pai, e do Filho, e do Espírito Santo.
R. Amém.

V. Beáta María intercedénte, bene ambulémus: et Dóminus sit in itínere nostro, et Ángeli eius comiténtur nobíscum. In nómine Patris, et Fílii, et Spíritus Sancti.
R. Ámen.

Oração de Santo Tomás de Aquino
para antes de começar a estudar

Infalível Criador, que dos tesouros da vossa sabedoria, tirastes as hierarquias dos Anjos colocando-as com ordem admirável no céu e distribuístes o universo com encantável harmonia, Vós que sois a verdadeira fonte da luz e o princípio supremo da sabedoria, difundi sobre as trevas da minha mente o raio do esplendor, removendo as duplas trevas nas quais nasci: o pecado e a ignorância.

Vós que tornastes fecunda a língua das crianças, tornai erudita a minha língua e espalhai sobre os meus lábios a vossa bênção. Concedei-me o discernimento para entender, a capacidade de reter, a sutileza de relevar, a facilidade de aprender, a graça abundante de falar e de escrever. Ensinai-me a começar, regei-me a continuar e perse-

Creátor ineffábilis, qui de thesáuris sapiéntiae tuae tres Angelórum hierarchías designásti et eas super caelum empýreum miro órdine collocásti atque univérsi partes elegantíssime distribuísti: Tu, inquam, qui verus fons lúminis et sapiéntiae díceris ac superéminens princípium, infúndere dignéris super intelléctus mei ténebras tuae rádium claritátis, dúplices, in quibus natus sum, a me rémovens ténebras, peccátum scílicet et ignoránitam.

Tu, qui linguas infántium facis disértas, linguam meam erúdias atque in lábiis meis grátiam tuae benedictiónis infúndas. Da mihi intelligéndi acúmen, retinéndi capacitátem, addiscéndi modum et facilitátem, interpretándi subtilitátem, loquéndi grátiam copiósam. Ingréssum ínstruas, progréssum dírigas,

verar até o término. Vós que sois verdadeiro Deus e verdadeiro homem, e que viveis e reinais pelos séculos dos séculos. Amém.

egréssum cómplices. Tu, qui es verus Deus et homo, qui vivis et regnas in sáecula saeculórum. Ámen.

Aceitação da morte

Meu Deus e meu Pai, Senhor da vida e da morte, que, para justo castigo das nossas culpas, com um decreto imutável determinastes que todos os homens haviam de morrer, olhai para mim, aqui prostrado diante de Vós. Destesto de todo o coração as minhas culpas passadas, pelas quais mereci mil vezes a morte, que aceito agora como o fim de expiá-las e para obedecer à vossa amável vontade. De bom grado morrerei, Senhor, no momento, no lugar e do modo que Vós quiserdes, e aproveitarei até esse instante os dias que me restem de vida para lutar contra os meus defeitos e aumentar o meu amor por Vós, para quebrar os laços que atam o meu coração às criaturas e preparar a minha alma para comparecer à vossa presença; e desde agora me abandono sem reservas nos braços da vossa paternal Providência.

XIV. PELOS FIÉIS DEFUNTOS

Responso

V. Não recordeis, Senhor, os meus pecados.
R. No dia em que vierdes julgar o mundo pelo fogo.
V. Dirigi, meu Deus, meus passos na vossa presença.
R. No dia em que vierdes julgar o mundo pelo fogo.
V. Dai-lhe(s), Senhor, o descanso eterno, e a luz perpétua o(s) ilumine.
R. No dia em que vierdes julgar o mundo pelo fogo.

Senhor, tende piedade de nós.
Cristo, tende piedade de nós.
Senhor, tende piedade de nós.

Pai Nosso.

V. Das portas do inferno.
R. Livrai, Senhor, sua(s) alma(s).
V. Descanse(m) em paz.
R. Amém.

V. Ne recordéris peccáta mea, Dómine.
R. Dum véneris iudicáre sáeculum per ignem.
V. Dírige, Dómine, Deus meus, in conspéctu tuo viam meam.
R. Dum véneris iudicáre sáeculum per ignem.
V. Réquiem aetérnam dona ei (*eis*), Dómine, et lux perpétua lúceat ei (*eis*).
R. Dum véneris iudicáre sáeculum per ignem.

Kýrie, eléison.

Christe, eléison.

Kýrie, eléison.

Pater noster.

V. A porta ínferi.
R. Érue, Dómine, ánimam eius (*ánimas eórum*).
V. Requiéscat (*-ant*) in pace.
R. Ámen.

V. Ouvi, Senhor, a minha oração.
R. E chegue a Vós o meu clamor.
V. O Senhor esteja convosco.
R. Ele está no meio de nós.

Oremos: Livrai, Senhor, dos laços de qualquer pecado a alma do vosso servo N. (*de vossa serva ou de vossos servos*), e concedei-lhe(*s*) que, no dia da ressurreição gloriosa, se associe(*m*) aos vossos Santos e eleitos. Por Cristo, Senhor Nosso.
R. Amém.
V. Dai-lhe(*s*), Senhor, o descanso eterno.
R. E a luz perpétua o(*s*) ilumine.
V. Descanse(*m*) em paz.

R. Amém.
V. A(*s*) alma(*s*) dele(*s*), e as almas de todos os fiéis defuntos, pela misericórdia divina descansem em paz.
R. Amém.

V. Dómine, exáudi oratiónem meam.
R. Et clámor meus ad te véniat.
V. Dóminus vobíscum.

R. Et cum spíritu túo.

Orémus: Absólve, quæsumus, Dómine, ánimam fámuli tui N.(*fámulæ tuæ N. vel ánimas famulórum tuárum*) ab omni vínculo delictórum: ut, in resurrectiónis glória, inter Sanctos et eléctos tuos resuscitata respíret(*nt*). Per Christum Dóminum nostrum.
R. Ámen.
V. Réquiem aetérnam dona ei (*eis*), Dómine.
R. Et lux perpétua lúceat ei (*eis*).
V. Requiéscat (*-ant*) in pace.
R. Ámen.
V. Ánima eius (*-ae eórum*) et ánimæ ómnium fidélium defunctórum per misericórdiam Dei requiéscant in pace.
R. Ámen.

Outras orações

Pelos pais

Ó Deus, que nos mandastes honrar pai e mãe, tende misericórdia das almas dos nossos pais e perdoai-lhes os seus pecados; concedei-nos a graça de os vermos na alegria da luz eterna. Por Cristo, Senhor Nosso.
R. Amém.

Deus, qui nos patrem et matrem honoráre praecepísti: Miserére cleménter animábus paréntum nostrórum, eorúmque peccáta dimítte; nósque eos inætérnæ claritátis gáudio fac vidére. Per Christum Dóminum nostrum.
R. Ámen.

Por todos os fiéis defuntos

Ó Deus, que sois o Criador e o Redentor de todos os fiéis, concedei o perdão de todos seus pecados às almas de todos os vossos servos e servas; fazei que as nossas piedosas súplicas lhes obtenham a misericórdia que sempre almejaram. Por Cristo Nosso Senhor.
R. Amém.

Fidélium, Deus, ómnium cónditor et redémptor, animábus famulórum famularúmque tuárum remissiónem cunctórum tríbue peccatórum: ut indulgéntiam, quam semper optavérunt, píis supplicatiónibus consequántur. Per Christum Dóminum nostrum.
R. Ámen

Oração pelos Defuntos

Eu sou a ressurreição e a vida; quem crê em Mim, mesmo que esteja morto, viverá; e quem vive e crê em Mim não morrerá eternamente (Jo 11, 25).

Santos de Deus, vinde em seu auxílio; anjos do Senhor, correi ao seu encontro! Acolhei a sua alma, levando-a à presença do Altíssimo.

Cristo te chamou. Ele te receba, e os anjos te acompanhem ao seio de Abraão.

Acolhei a sua alma, levando-a à presença do Altíssimo.

V. Dai-lhe, Senhor, o repouso eterno e brilhe para ele(*a*) a vossa luz.

R. Acolhei a sua alma, levando-a à presença do Altíssimo.

V. Senhor, tende piedade de nós.

R. Cristo, tende piedade de nós. Senhor, tende piedade de nós.

Pai Nosso

V. Descanse em paz.

Amém.

V. O Senhor esteja convosco.

Ele está no meio de nós.

Oremos: Ouvi, ó Pai, as nossas preces; sede misericordioso para com o(*a*) vosso(*a*) servo(*a*) N., que chamastes deste mundo. Concedei-lhe a luz e a paz no convívio dos vossos santos. Por Nosso Senhor Jesus Cristo, na unidade do Espírito Santo.

R. Amém.

Oremos: Absolvei, Senhor, a alma do(*a*) vosso(*a*) servo(*a*) N. de todos os laços do pecado, a fim de que, na

ressurreição gloriosa, entre os vossos Santos e eleitos, possa ele, ressuscitado em seu corpo, de novo respirar. Por Cristo, Senhor Nosso.
R. Amém.

V. Eu sou a ressurreição e a vida: quem crê em Mim, mesmo que esteja morto, viverá; e quem vive e crê em Mim não morrerá eternamente. Dai-lhe, Senhor, o repouso eterno.
R. E brilhe para ele(*a*) a vossa luz.
V. Descanse em paz.
R. Amém.
V. A sua alma e as almas de todos os fiéis defuntos, pela misericórdia de Deus, descansem em paz.
R. Amém.

XV. SOBRE A LEITURA ESPIRITUAL

É conhecida a frase: "Quando oramos falamos com Deus. Quando lemos é Deus quem nos fala". E diz São Josemaria: "A leitura tem feito muitos santos" (cf. *Caminho*, n. 116).

A leitura espiritual é um dos meios que asseguram o crescimento na vida interior. A leitura feita com intensidade e atenção sempre desperta desejos de santidade, ajuda na vida de oração porque instrui a alma.

Pode-se dizer que a leitura feita com atenção ajuda a edificar, consolar e fortalecer. Além disso, é alimento que orienta para a oração, ilumina a caridade e inclina a rezar. Com ela, vamos adquirindo, muitas vezes sem o perceber, conceitos e ideias que aparecem em necessidades e momentos concretos. Nesse sentido, é importante cuidar muito da escolha do livro.

Há muita literatura espiritual excelente, mas não podemos nos deixar levar só pela curiosidade.

Por isso, pedir conselho é o caminho seguro para a escolha de algo que vá de encontro às nossas necessidades concretas. O bom livro, bem escolhido, renova, instrui, ilustra.

A leitura espiritual diária é um encontro com Deus, uma oportunidade de aprender, de aprofundar-se na fé, de descobrir novos horizontes espirituais para nós e para as pessoas com quem convivemos.

Sugestões de livros espirituais

Apresentamos a seguir uma relação de títulos publicados pela Editora Cultor de Livros que podem ser úteis a quem está à procura de textos para aprofundar na vida espiritual.

• Jesus Cristo
Jesus Cristo
(Karl Adam)

O Salvador e seu amor por nós
(R. Garrigou-Lagrange)

O Senhor
(Romano Guardini)

• Vida espiritual
A arte de aproveitar as próprias faltas
(Joseph Tissot)

Amor sublime
(Eugene Boylan)

O combate espiritual
(Lorenzo Scupoli)

Conta comigo: o acompanhamento espiritual
(Fulgencio Espa)

O dom de si
(J. Schrijvers)

As dificuldades da oração
(Eugene Boylan)

A divinização do sofrimento
(Adolphe Tanquerey)

Imitação de Cristo
(Thomás de Kempis)

Introdução à vida de oração
(Romano Guardini)

Jesus Cristo, vida da alma

(Columba Marmion)

A prática do amor a Jesus Cristo
(Santo Afonso Maria de Ligório)

- **Tratados de vida espiritual**

Compêndio de teologia ascética e mística
(Adolphe Tanquerey)

As três idades da vida interior
(R. Garrigou-Lagrange)

Tratado do amor de Deus
(São Francisco de Sales)

Exercícios de perfeição e virtudes cristãs
(Afonso Rodrigues)

Obras completas de São João da Cruz

Obras completas de Santa Teresa de Jesus

Guia de pecadores
(Luis de Granada)

Vida interior simplificada
(Joseph Tissot e Francisco de Sales Pollien)

O Santo Abandono
(Dom Vital Lehodey)

- **Liturgia e Sacramentos**

Da Eucaristia à Santíssima Trindade
(Vicent-Marie Bernadot)

O espírito da liturgia
(Romano Guardini)

Excelências da Santa Missa
(São Leonardo de Porto-Maurício)

Liturgia e Personalidade
(Dietrich von Hildebrand)

O Sacrifício da Missa
(Cardeal Juan Bona)

- **Apostolado**

A alma de todo apostolado
(J. B. Chautard)

Para formar almas santas
(Adolphe Tanquerey)

- **Virtudes**

O poder oculto da amabilidade
(L. G. Lovasik)

A conquista das virtudes
(Francisco Faus)

Tornar a vida amável
(Francisco Faus)

Virtudes fundamentais
(Josef Pieper)

A boa vontade
(J. Schrijvers)

- **Nossa Senhora**

Imitação de Maria
(Anônimo)

Rosa Mística: meditações sobre a ladainha de Nossa Senhora
(John Henry Newman)

- **Biografias de santos**

História de uma alma
(Santa Teresa de Lisieux)

A sombra do Pai
(Jan Dobraczynski)

O apóstolo São Pedro
(William Thomas Walsh)

São Bernardo de Claraval
(Ailbe J. Luddy)

Agostinho: O homem, o pastor, o místico
(Agostino Trapè)

O Cura d'Ars
(Francis Trochu)

A vida de São João da Cruz
(Crisógono de Jesus Sacramentado)

Santa Teresa de Ávila
(W. T. Walsh)

São Paulo, conquistador de Cristo
Daniel-Rops

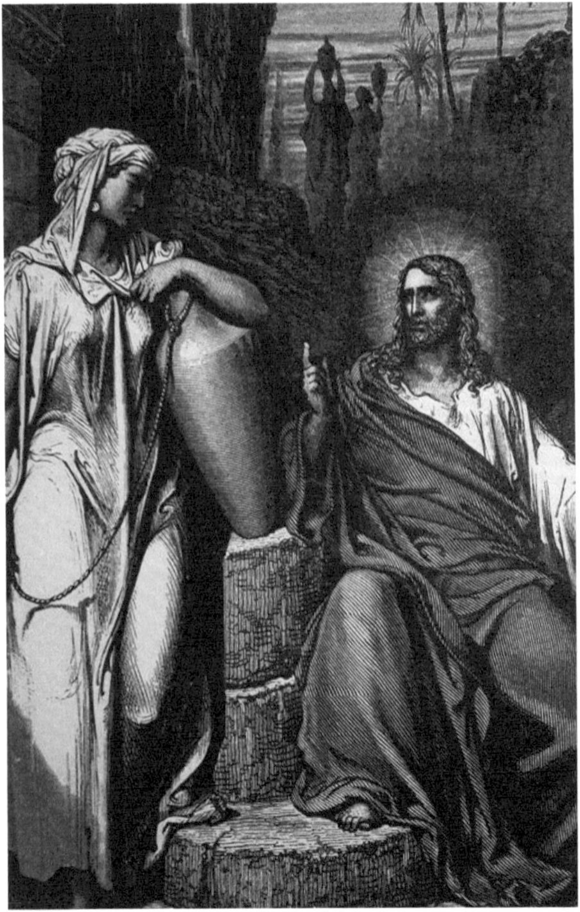

XVI. SOBRE A DIREÇÃO ESPIRITUAL

A direção espiritual é uma orientação importante para manter em andamento a vida interior e, em geral, para progredir na vida cristã.

É interessante lembrar que a Igreja sempre sempre recomendou a direção espiritual a todos os que desejam amadurecer seriamente na vida cristã, assim como ao doente se recomenda a orientação de um médico, e ao esportista a de um técnico. Ninguém é bom técnico de si mesmo.

São Josemaria fala disso com uma imagem simples:

"Convém que conheças esta doutrina segura: o espírito próprio é mau conselheiro, mau piloto, para dirigir a alma nas borrascas e tempestades, por entre os escolhos da vida interior. – Por isso, é vontade de Deus que a direção da nau esteja entregue a um Mestre, para que, com a sua luz e conhecimento, nos conduza a porto seguro" (*Caminho*, n. 59).

O BOM PASTOR

O confessor e, em geral, a pessoa que atende a direção espiritual de outros, participa da missão do Bom Pastor. Como diz Jesus na parábola, o Bom Pastor conhece as suas ovelhas e elas o conhecem, vai indicando-lhes o caminho e as conduz a bons pastos, também as defende dos ladrões e do lobo (cf. Jo 10,4-14), e procura as que se extraviaram para ajudá-las a voltar (cf. Lc 15,4-7).

O bom diretor espiritual deve ser um reflexo desse Bom Pastor, que é Jesus. Por isso, é importante pedir luzes ao Espírito Santo para escolher bem o diretor: sempre com plena liberdade, mas com o desejo sincero de avançar espiritualmente. Não adianta escolher um diretor espiritual que seja apenas um padre "amigão" que converse conosco de vez em quando sobre temas superficiais. E, menos ainda, procurar um confessor ou diretor que se limite a "compreender" (ou seja, a desculpar tudo!) e que não fale com clareza das falhas, nem ajude, com afeto e firmeza, a lutar e a retificar os erros.

Para ter uma direção espiritual eficaz é importante que, depois de ter escolhido conscientemente um diretor, haja perseverança e conversas periódicas, por exemplo, mensais (não mais espaçadas do que isso). Não se pode chamar de direção espiritual o fato de se ter um padre de confiança com quem se conversa só duas vezes por ano, ou com quem se consulta apenas sobre alguma questão isolada.

A escolha do orientador espiritual deve ser livre. Também deve ser livre a decisão de praticar os conselhos que sugere. Mas a liberdade exige pensar e decidir responsavelmente. Por isso, é preciso pedir ao Espírito Santo – o verdadeiro Diretor divino das nossas almas –, o dom de entendimento, para compreender o que Ele quer dizer através do diretor espiritual, e o dom de fortaleza, para cumprir o que disser.

É uma experiência comprovada que só progride espiritualmente, isto é, caminha para a santidade, meta da vida cristã, os que praticam com perseverança um plano de vida espiritual e levam a sério, com constância, a direção espiritual.

Sugestões práticas

Para viver com proveito a direção espiritual vale a pena ter presente o que se segue:

✤ Preparar bem cada conversa meditando um pouco antes a respeito. Pode ser útil fazer anotações, como uma listinha dos temas de que se quer falar. E, sobretudo, pedir muito a ajuda do Espírito Santo.

✤ Não ir à direção para gastar o tempo com conversa fiada, falando das notícias do jornal, do frio e do calor ou de outras coisas que não dizem respeito à sua vida espiritual. Estes assuntos podem no máximo servir como um "prólogo" cordial para iniciar a conversa.

🙢 Sempre é bom começar informando como se viveu os conselhos recebidos na última entrevista, as dificuldades encontradas para cumpri-los, as fraquezas (preguiça, tentações etc.) que levaram talvez a abandoná-los, etc.

🙢 É bom comentar também as inspirações, os bons pensamentos que Deus despertou na alma para melhorar alguns defeitos, concretizar algumas iniciativas de vida espiritual ou de apostolado, fazer novas mortificações etc.

🙢 Também é muito bom não ser "sujeito passivo", que só escuta conselhos. Ser também "ativo", ou seja, pensar e apresentar ao diretor novas propostas de luta espiritual. Por exemplo: gostaria de ler tal livro, pensei em tais e tais penitências e temas de meditação para a Quaresma, gostaria de preparar o Natal assim, pensei que poderia ter tal conversa com um amigo afastado de Deus.

🙢 Os temas da direção espiritual, os assuntos que convém tocar nas conversas com o diretor, são muito variados, e é impossível falar de todos em uma só conversa (tendo também em conta que, às vezes, só se poderá contar com quinze minutos, meia hora ou pouco mais).

Por isso, é bom começar pelos mais importantes, falando claramente e em primeiro lugar dos assuntos que, por vergonha ou por medo de ficar mal e de desiludir o diretor, mais custe falar: uma queda mais séria, uma infidelidade conjugal, uma reincidência na preguiça tola e nas omissões, etc. São Josemaria dizia que "quem oculta ao seu diretor uma tentação, tem um segredo a meias com o demônio" (*Sulco,* n. 323). E, em outro ponto: "Acabaram-se as aflições... Descobriste que a sinceridade com o diretor conserta com uma facilidade admirável aquilo que se entortou" (*ibid.,* n. 335).

Em seguida, pode-se falar dos problemas que estão exigindo mais esforço, mais oração e, às vezes, mais conforto e até consolo: dramas familiares, filhos que se desencaminham, graves dificuldades no trabalho, doenças sérias. Porém, é preciso ter em conta que, quando só buscamos desabafo e consolo, não achamos solução. O melhor consolo é o "conforto", ou seja, o conselho que fortalece a alma, que ajuda a levar com garbo aquela cruz e a santificar-se com ela.

❧ Vale comentar como foi o programa de vida espiritual: cumprimento, constância e pontualidade, como foi a oração e a profundidade no exame diário, a preparação para as comunhões, o empenho em melhorar a consciência da presença de Deus no trabalho, em que ocasiões se concretizou o espírito de mortificação, que frutos ou dúvidas surgiram na leitura do Evangelho e de algum livro espiritual etc.

❧ Falar das virtudes em sucessivas conversas, especialmente daquela ou daquelas que mais fazem falta: humildade, paciência, castidade, ordem, intensidade e perfeição no trabalho, caridade, luta contra os defeitos do temperamento.

❧ Tendo em conta que não há verdadeiro amor a Deus sem amor ao próximo (cf. 1 Jo 4,20-21), falar da melhora no trato habitual (cordialidade, espírito de serviço...) com os companheiros de trabalho e, de modo muito especial, com esposa, marido, filhos, amigos próximos; e da preocupação apostólica (primeiro, do apostolado pessoal com parentes, colegas, amigos; depois, da colaboração em iniciativas de apostolado).

✑ Não deixe de comentar com o diretor se houver algum sentimento incômodo, devido a alguma dúvida de fé, alguma dificuldade para entender a doutrina da Igreja, algumas palavras ou atitudes do Papa que não entendeu, algum comportamento de sacerdotes etc.

Por fim, é importante insistir que não se trata, em absoluto, de falar de tudo isso em cada conversa. Deve-se falar do que for mais relevante, do que afete mais a alma, e especialmente do andamento das práticas espirituais. Em todo o caso, essas sugestões não deixam de ser um roteiro útil para ir preparando e renovando, ao longo dos meses e dos anos, as conversas de direção espiritual e, também, para avaliar se de fato essas conversas estão sendo bem aproveitadas.

> Trecho adaptado do livro
> *"Para estar com Deus"*
> de Francisco Faus
> (Cultor de Livros,
> 2017, pp. 175-179).

XVII. EXAME DE CONSCIÊNCIA PARA A CONFISSÃO

PECADOS CONTRA OS MANDAMENTOS DA LEI DE DEUS

1. CONTRA O PRIMEIRO MANDAMENTO

Creio fielmente em tudo o que Deus revelou, ou duvidei voluntariamente de alguma doutrina da Igreja Católica Apostólica Romana? Li, assinei, publiquei, propaguei, emprestei livros, folhetos, revistas, ou jornais hostis a Deus e à santa religião? Dei ouvido a conversas ou discursos ímpios ou heréticos? Assisti à sessão espírita, ao culto protestante, ou de religiões não cristãs? Abandonei a única Igreja verdadeira que é a Católica para abraçar seita falsa? Tenho confiança em Deus e na divina graça? Consultei espíritas ou cartomantes? Videntes? Desesperei da minha salvação ou fui presunçoso, esperando encontrá-la sem deixar o pecado? Cometi pecados no intuito de confessá-los mais tarde? Deixei de rezar por muito tempo? Falei mal de Deus, contra a sua Santa Mãe, Maria Santíssima, contra os santos, contra a Igreja e seus ministros? Rezei sem devoção, com distrações voluntárias?

2. Contra o segundo mandamento

Profanei o Santíssimo Sacramento, pessoas, lugares ou coisas consagradas a Deus? Blasfemei contra Deus? Comunguei em estado de pecado grave? Recebi algum sacramento indignamente, sem estar devidamente preparado? Jurei o seu santo nome sem necessidade? Pronunciei levianamente o nome de Deus? Deixei de cumprir uma promessa? Faço de má vontade as coisas relacionadas com Deus?

3. Contra o terceiro mandamento

Deixei de participar da Santa Missa inteira aos domingos e dias de preceito por própria culpa? Profanei a Igreja com conversas, olhares indiscretos, namoros, por usar um traje indecente? Trabalhei ou mandei trabalhar desnecessariamente nos domingos ou dias de guarda?

4. Contra o quarto mandamento

Para os filhos: desrespeitei os pais falando-lhes asperamente ou respondendo-lhes mal? Murmurei contra eles? Desobedeci? Obedeci de má vontade? Descuidei dos pais na velhice, na pobreza ou na doença (sustento, últimos sacramentos: levar os pais para recebê-los ou chamar um padre para ministrá-los). Desejei-lhes mal? Deixei de rezar por eles?

Para os pais: protelei o batismo de meus filhos, a sua primeira comunhão? Descuidei-me da educação física, intelectual e principalmente religiosa dos meus filhos? Fiz o que estava ao meu alcance para que fossem à Santa Missa aos domingos e festas de guarda, à catequese? Cuidei de suas boas leituras, reprimi divertimentos impróprios? Dei-lhes mau exemplo? Deixei de corrigi-los? Castiguei-os, não com caridade, mas com ira?

5. Contra o quinto mandamento

Odiei o próximo? Desejei-lhe mal? Procurei vingar-me? Não tive caridade com os pobres, doentes e necessitados? Prejudiquei minha saúde por excesso de comida e bebida, sobretudo bebidas alcoólicas? Usei drogas? Agi contra a própria vida ou contra a vida do próximo, ou alimentei pensamentos nesse sentido? Abortei, colaborei ou incentivei o aborto? Tive esses pensamentos? Usei, entreguei, recomendei a "pílula do dia seguinte"? Levei alguém a pecar ou fui causa de escândalo? Roguei pragas? Dei mau exemplo ou tratei mal as pessoas que estão ao meu redor? Maltratei animais? Preocupei-me com a minha formação religiosa e moral e também com a formação das pessoas que moram comigo ou dependem de mim? Guardo inimizade, ódio ou rancor contra alguém? Deixei que divergências políticas, profissionais ou qualquer outro tipo de diferença degenerassem em indisposição, má vontade ou ódio com relação a alguém? Feri os outros por palavras ou ações? Empreguei em alguma ocasião a violência física?

6. CONTRA O SEXTO E NONO MANDAMENTOS

Consenti em pensamentos sensuais e em maus desejos? Olhei indiscreta e maliciosamente para coisas indecentes, pessoas mal vestidas? Tive conversas impuras? Li e olhei sites, livros ou revistas, estampas, filmes, séries, vídeos ou fotografias obscenas e imorais? Pratiquei atos impuros comigo mesmo (masturbação), com outra pessoa, do mesmo sexo ou de outro sexo? Faltei com o pudor e a modéstia em meus trajes?

Para os casados: procurei satisfação carnal fora do matrimônio (adultério ou masturbação)? Abusei do matrimônio, evitando ter filhos sem necessidade grave ou de maneira condenada pela Igreja? Aconselhei meios para esse fim?

7. Contra o sétimo e décimo mandamentos
Roubei, furtei, aceitei objetos furtados, guardei-os? Tive vontade de roubar ou furtar? Não restituí ao dono um objeto achado ou emprestado? Deixei de pagar as dívidas sem motivo de força maior (desemprego, calamidade, necessidade maior para o sustento da vida)? Fiz dívidas que sabia que não poderia pagar? Não paguei ao funcionário o salário justo? Dei prejuízo voluntário ao próximo? Desperdicei o dinheiro em jogo ou com caprichos e futilidades? Aceitei ou pedi suborno? Cometi alguma fraude? Enganei os outros cobrando mais do que o justo por um produto, serviço, etc.? Retenho ou atraso indevidamente pagamentos e salários que devo pagar?

8. Contra oitavo mandamento
Menti? Violei segredos? Dei falso testemunho? Supus más intenções? Abri cartas alheias? Fiz juízos temerários? Fingi doenças, pobreza, piedade para enganar ou outros? Dei ouvido a conversas contra a vida alheia? Revelei, sem motivo justo, defeitos graves de outras pessoas? Falei ou pensei mal dos outros? Caluniei alguém? Sou exemplar no meu trabalho? Uso os bens da empresa em proveito próprio ou sem a justiça necessária?

Pecados contra os Mandamentos da Igreja

Fiquei mais de um ano sem confessar meus pecados? Não fiz a comunhão pascal? Não guardei jejum e abstinência na quarta-feira de Cinzas e na sexta-feira Santa? Não guardei abstinência de carne nas sextas-feiras do ano? Não comutei essa obrigação em orações, obras de caridade ou outra forma de penitência?

Pecados capitais

Avalie sua consciência sobre os seguintes pecados:
1. Soberba, orgulho: desprezar os demais, tratá-los com desdém; querer dominar.
2. Avareza: pensar somente em ganhar dinheiro e acumular fortuna, sem nada gastar com os pobres, ou para fins de piedade e caridade.
3. Impureza: procurar prazeres que mancham a alma e roubam a inocência.
4. Ira: ficar facilmente com raiva, impacientar-se. Deixar-se levar pelo ímpeto da cólera.

5. *Gula:* exceder-se na comida ou na bebida. Embriagar-se.

6. *Inveja:* não querer que outros estejam bem; entristecer-se com o bem-estar do próximo, empregar meios para impedir, diminuir ou destruir a felicidade do próximo.

7. *Preguiça:* perder tempo; não cumprir, por indolência, as obrigações do trabalho ou da religião.

XVIII. SUMÁRIO DA DOUTRINA

Os Artigos da Fé
(Cfr. *Catecismo da Igreja Católica*, ns. 190-191)

1. Creio em Deus Pai todo-poderoso.
2. E em Jesus Cristo, seu Filho único, Nosso Senhor.
3. Jesus Cristo foi concebido pelo poder do Espírito Santo, nasceu da Virgem Maria.
4. Jesus Cristo padeceu sob Pôncio Pilatos, foi crucificado, morto e sepultado.
5. Jesus Cristo desceu aos Infernos, ressuscitou dos mortos no terceiro dia.
6. Jesus subiu aos céus, está sentado à direita de Deus Pai, todo-poderoso.
7. Donde virá julgar os vivos e os mortos.
8. Creio no Espírito Santo.
9. Creio na Igreja Católica.
10. Creio no perdão dos pecados.
11. Creio na ressurreição da carne.
12. Creio na Vida eterna.

Os Dez Mandamentos
(Cfr. *Catecismo da Igreja Católica*, ns. 2084-2534)

1. Eu sou o Senhor, teu Deus, que te fez sair da terra do Egito, da casa da escravidão. Não terás outros deuses diante de mim. Não farás para ti imagem esculpida de nada que se assemelhe ao que existe lá em cima, nos céus, ou embaixo, na terra, ou nas águas que estão de-

baixo da terra. Não te prostrarás diante desses deuses e não os servirás.
2. Não pronunciarás o nome do Senhor, teu Deus, em vão.
3. Lembra-te de guardar o Dia do Senhor.
4. Honra teu pai e tua mãe, para que se prolonguem os teus dias na terra que o Senhor, teu Deus, te dá.
5. Não matarás.
6. Não pecarás contra a castidade.
7. Não roubarás.
8. Não apresentarás um falso testemunho contra teu próximo.
9. Não desejarás a mulher do próximo.
10. Não cobiçarás as coisas alheias.

Os Cinco Mandamentos da Igreja
(Cfr. *Catecismo da Igreja Católica*, ns. 2041-2043)

1. Participar da Missa inteira nos domingos e em outras festas de guarda e abster-se de ocupações de trabalho.
2. Confessar-se ao menos uma vez por ano.
3. Receber o sacramento da Eucaristia ao menos pela Páscoa da Ressurreição.
4. Jejuar e abster-se de carne, conforme manda a Santa Mãe Igreja.
5. Ajudar a Igreja em suas necessidades.

Dias com obrigação de ouvir Missa:
1. Todos os domingos do ano.
2. Dia 1º. de janeiro, festividade de Santa Maria, Mãe de Deus.

3. Festividade do Corpo e Sangue de Cristo (*Corpus Christi*), celebrada na quinta-feira depois do Domingo da Santíssima Trindade.

4. Dia 8 de dezembro, festividade da Imaculada Conceição da Virgem Maria.

5. Dia 25 de dezembro, Natal de Nosso Senhor Jesus Cristo.

Lei do jejum
e abstinência

1. Toda sexta-feira do ano é dia de penitência, a não ser que coincida com alguma solenidade do calendário litúrgico. Nesse dia os fiéis devem abster-se de comer carne ou outro alimento, ou praticar alguma forma de penitência, principalmente alguma obra de caridade ou algum exercício de piedade.

2. A Quarta-Feira de Cinzas e a sexta-Feira Santa, memória da Paixão e Morte de Cristo, são dias de jejum e abstinência. A abstinência pode ser substituída pelos próprios fiéis por outra prática de penitência, caridade ou piedade, particularmente pela participação nesses dias na Sagrada Liturgia (Legislação complementar da CNBB quanto ao cânones 1251 e 1253 do *Código de Direito Canônico*).

3. Idade da obrigação: a abstinência obriga a partir dos 14 anos completos; o jejum a partir dos 18 anos completos até os 60 anos começados.

Os Doze Apóstolos
(Mt 10, 2-4; Mc 3, 16-19; Lc 6, 14-16; At 1, 13)

1. Pedro (Simão). 2. Bartolomeu. 3. André. 4. Filipe. 5. Tomé. 6. Tiago. 7. João. 8. Tiago (o Menor). 9. Judas Tadeu. 10. Judas Iscariotes. 11. Simão (o Zelote). 12. Mateus. (12. Matias).

Os Sete Sacramentos
(Cfr. *Catecismo da Igreja Católica*, n. 1113)

Batismo (Mt 28, 19). – Confirmação ou Crisma (At 8, 17). – Eucaristia (Mt 26, 26). – Penitência (Jo 20, 23). – Unção dos Enfermos (Tg 5, 14). – Ordem (Lc 22, 19). – Matrimônio (Mt 19, 6).

As Três Virtudes Teologais
(1Cor 13, 13 e cfr. *Catecismo da Igreja Católica*, n. 1813)

Fé. Esperança. Caridade.

As Quatro Virtudes Cardeais
(Cfr. *Catecismo da Igreja Católica*, ns. 1805-1809)

Prudência. Justiça.
Fortaleza. Temperança.

Os Sete Dons do Espírito Santo
(Cfr. Is 11, 2-3 e *Catecismo da Igreja Católica*, n. 1831)

Sabedoria
Inteligência
Conselho
Fortaleza
Ciência
Piedade
Temor de Deus

Os Doze Frutos do Espírito Santo
(Cfr. Gl 5, 22 e *Catecismo da Igreja Católica*, n. 1832)

Caridade
Paz
Benignidade
Longanimidade
Fidelidade
Continência
Alegria
Paciência
Bondade
Mansidão
Modéstia
Castidade

Sete Obras de Misericórdia Espirituais
(Cfr. *Catecismo da Igreja Católica*, n. 2447)

1. Dar bom conselho.
2. Ensinar os ignorantes.
3. Corrigir os que erram.
4. Consolar os aflitos.
5. Perdoar as injúrias.
6. Sofrer com paciência as fraquezas do próximo.
7. Rogar a Deus pelos vivos e defuntos.

Sete Obras de Misericórdia Corporais
(Cfr. Mt 25, 35, 36; Tb 4, 12 e *Catecismo da Igreja Católica*, ns. 2447-2449)

1. Dar de comer a quem tem fome.
2. Dar de beber a quem tem sede.
3. Vestir os nus.
4. Dar pousada aos peregrinos.
5. Visitar os enfermos e encarcerados.
6. Remir os cativos.
7. Enterrar os mortos.

As Oito Bem-Aventuranças
(Cfr. Mt 5 e *Catecismo da Igreja Católica*, n. 1716)

Bem-aventurados os pobres em espírito, porque deles é o Reino dos Céus.

Bem-aventurados os mansos, porque eles possuirão a terra.

Bem-aventurados os aflitos, porque serão consolados.

Bem-aventurados os que têm fome e sede de justiça, porque serão saciados.

Bem-aventurados os misericordiosos, porque alcançarão misericórdia.

Bem-aventurados os puros de coração, porque verão a Deus.

Bem-aventurados os que promovem a paz, porque serão chamados filhos de Deus.

Bem-aventurados os que são perseguidos por causa da justiça, porque deles é o Reino dos Céus.

OS SETE PECADOS CAPITAIS E AS VIRTUDES OPOSTAS
(Cfr. *Catecismo da Igreja Católica*, n. 1866)

Orgulho – Humildade
Avareza – Generosidade
Inveja – Amor ao próximo
Ira – Mansidão
Luxúria – Castidade
Gula – Temperança
Preguiça – Diligência

SEIS PECADOS CONTRA O ESPÍRITO SANTO
(Cfr. *Catecismo da Igreja Católica*, n. 1864)

1. Desesperar da salvação.
2. Presunção de se salvar sem merecimento.
3. Contradizer a verdade conhecida por tal.
4. Ter inveja das mercês que Deus faz a outros.
5. Obstinação no pecado.
6. Impenitência final.

QUATRO PECADOS QUE BRADAM AO CÉU
(Cfr. *Catecismo da Igreja Católica*, n. 1867)

1. Homicídio voluntário.
2. Pecado sensual contra a natureza.
3. Opressão dos pobres.
4. Não pagar a quem trabalha.

Cooperação e cumplicidade com os pecados alheios
(Cfr. *Catecismo da Igreja Católica*, n. 1868)

1. Participando neles direta ou voluntariamente.
2. Mandando, aconselhando, louvando ou aprovando esses pecados.
3. Não os revelando ou não os impedindo, quando a isso somos obrigados.
4. Protegendo os que fazem o mal.

Os três principais gêneros de boas obras
(Cfr. *Catecismo da Igreja Católica*, n. 1969)

Oração. Jejum. Esmola.

Conselhos Evangélicos
(Cfr. *Catecismo da Igreja Católica*, n. 2103)

A nossa Mãe a Santa Igreja alegra-se ao encontrar em seu seio muitos homens e mulheres que seguem mais estreitamente a exinanição do Salvador e mais claramente o demonstram, aceitando a pobreza na liberdade dos filhos de Deus e renunciando às próprias vontades; submetem-se a eles os homens por causa de Deus, em matéria de perfeição, além da medida do preceito, para que mais plenamente se conformem a Cristo obediente (*Lumen gentium*, n. 42).

Pobreza voluntária. Castidade. Obediência.

Os novíssimos

Morte. Juízo. Inferno. Paraíso.

INDULGÊNCIAS
(Cfr. *Catecismo da Igreja Católica*, ns. 1471-1479)

1. A indulgência é a remissão, diante de Deus, da pena temporal devida pelos pecados cuja culpa já foi apagada; remissão que o fiel devidamente disposto obtém em certas e determinadas condições pela ação da Igreja que, enquanto dispensadora da Redenção, distribui e aplica, por sua autoridade, o tesouro das satisfações de Cristo e dos Santos" (cfr. *Catecismo da Igreja Católica*, n. 1471).

2. A indulgência é parcial ou plenária, conforme liberar parcial ou totalmente a pena devida pelos pecados. Todos os fiéis podem adquirir indulgências para si mesmos ou aplicá-las aos defuntos.

3. Em geral, a obtenção das indulgências exige determinadas *condições* e o cumprimento de certas *obras*. A *Indulgência plenária* só pode ser obtida uma vez por dia, a não ser *"in artículo mortis"*, caso em que o fiel poderá ganhar a indulgência plenária por esse motivo, ainda que no mesmo dia tenha ganho já outra indulgência plenária.

4. Para obter as Indulgências, tanto plenárias como parciais, é preciso que, pelo menos antes de cumprir as últimas disposições da obra indulgenciada, o fiel esteja *em estado de graça*. Além disso, é necessário que o fiel: tenha a disposição interior do *completo afastamento do pecado, mesmo só venial; se confesse sacramentalmente dos seus pecados; receba a Santíssima Eucaristia* (certamente é melhor recebê-la participando na Santa Missa, mas para a Indulgência só é necessária a sagrada Comunhão), e *reze pelas intenções do Sumo Pontífice*.

5. É conveniente, mas não é necessário que a Confissão sacramental, e em especial a sagrada Comunhão e a oração pelas intenções do Papa sejam feitas no mesmo dia em que se cumpre a obra indulgenciada, mas é suficiente que estes ritos sagrados e orações se cumpram dentro de alguns dias (cerca de vinte), antes ou depois do ato indulgenciado. A oração segundo a intenção do Papa é deixada à escolha do fiel, mas sugere-se um Pai Nosso e uma Ave Maria. Para diversas Indulgências plenárias, é suficiente uma Confissão sacramental, mas requerem-se uma sagrada Comunhão distinta e uma prece distinta, segundo a intenção do Santo Padre, para cada Indulgência plenária.

6. Os *confessores* podem comutar, em favor daqueles que estão legitimamente impedidos, quer a obra prescrita quer as condições requeridas (exceto, obviamente, a separação do pecado, mesmo venial).

7. As Indulgências são sempre *aplicáveis a si próprio ou às almas dos defuntos,* mas não a outras pessoas vivas sobre a terra.

BIBLIOGRAFIA

Principais obras consultadas para a elaboração desta coletânea de orações.

MONFORT, São Luís Maria Grignion de, *Tratado da Verdadeira Devoção à Santíssima Virgem*, Editora Vozes, Petrópolis, 2002, 30ª. Edição.

KECKEISEN O.S.B, Dom Beda, *Missal Quotidiano*, Editora Beneditina Ltda., Salvador (BA, Brasil), 1962, 23ª. Edição.

SÁNCHEZ RUIZ S.J., P. Valentín M., *Misal Completo Latino-Español para uso de los fieles*, Editorial Apostolado de La Prensa S.A., Madrid (Espanha), 1963, 15ª. Edição.

DAILY ROMAN MISSAL, Edited by Fr. James Socias, Fr. Charles Belmonte and Fr. Cecilio Magsino, Studium Theologiae Foundation, INC., New York (Estados Unidos), 1989, 1ª. Edition.

LITURGIA DAS HORAS, Segundo o Rito Romano, Gráfica de Coimbra, Coimbra (Portugal), 2001, 4ª. Edição.

MISSAL QUOTIDIANO, organizado por José António Gomes da Silva Marques, Edições Theológica, Braga (Portugal), 1989, 2ª. Edição.

MISSAL ROMANO, Edição Típica para o Brasil, co-edição Editora Vozas-Edições Paulinas, São Paulo (Brasil), 1992, 2ª. Edição.

ORAÇÕES DO CRISTÃO, distribuído por Quadrante, Sociedade de Publicações Culturais, São Paulo (Brasil), 2001, 8ª. Edição.

ORAÇÕES HABITUAIS, organizada por Vicente Cubells Vila, Diel Ltda., Lisboa (Portugal), 2000, 6ª. Edição.

PRECES SELECTAE, Cura et studio D.ris Ioannis Vilar, Adamas Verlag Colonia (Alemanha), 1990, 2ª. Edição.

ÍNDICE DAS ORAÇÕES

Ação de graças após a Missa, 121.
Aceitação da morte, 209.
Adéste, fidéles, 55.
Adéste, fidéles (partitura), 56.
Adoro Te Devote, 102.
Adoro Te Devote (partitura), 104.
Alma Redémptoris Mater, 161.
Alma Redémptoris Mater (partitura), 162.
Ángelus, 18.
Ánima Christi, 121.
Anjo da Guarda, Ao, 17.
Anjos da Guarda, Aos, 193.
Anjo do Senhor, O, 18.
Artigos da Fé, Os, 239.
Ato de Caridade, 13.
Ato de Contrição, 15.
Ato de Esperança, 12.
Ato de Fé, 12.
Ato de reparação, 63.
Atos de Contrição, 14.
Ave María, 168.
Ave María (partitura), 168.
Ave Maria, 6.
Ave, Regína caelórum, 164.
Ave, Regína caelórum (partitura), 165.
Ave Verum, 106.
Ave Verum (partitura), 107.
Ave, Maris Stella, 169.
Ave, Maris Stella (partitura), 170.
Bênção antes das refeições, 21.

Bênção com o Santíssimo Sacramento, 96.
Bênção de viagem, 207.
Bênção depois das refeições, 21.
Bênção dos alimentos, 21.
Bendita seja a tua pureza, 158.
Boa Cruz, Ó, 72.
Cântico de Zacarias, 50.
Cântico dos Três Jovens, 125.
Celebração do Sacramento da Confissão, 195.
Cinco Mandamentos da Igreja, Os, 240.
Confesso a Deus todo-poderoso, 15.
Conselhos Evangélicos, 246.
Cooperação e cumplicidade com os pecados alheios, 246.
Credo I - Símbolo dos Apóstolos, 6.
Credo II - Símbolo Niceno-Constantinopolitano, 7.
Devoção a Nossa Senhora, 143.
Devoção a São José, 178.
Devoção aos Santos Anjos, 190.
Devoções Eucarísticas, 95.
Dez Mandamentos, Os, 239.
Doze Apóstolos, Os, 242.
Doze Frutos do Espírito Santo, Os, 243.
Eu, pecador, 14.
Exame de consciência à noite, 22.
Fórmula da intenção da Missa, 120.

Glória, 5.
Glória a Deus nas alturas, 9.
Hino de ação de graças, 33.
Hinos e Antífonas de Nossa Senhora, 161.
Horário da Paixão, O, 79.
Humanidade Santíssima, 55.
Indulgências, 247.
Invocações ao Santíssimo Redentor, 121.
Jaculatórias, 45, 47, 67, 83, 94, 160, 194.
Jaculatórias para a noite, 24.
Jesus Crucificado, A, 122.
Ladainha da humildade, 139.
Ladainha de São José, 186.
Ladainha do Preciosíssimo Sangue, 83.
Ladainha do Sagrado Coração de Jesus, 68.
Ladainha do Santíssimo Nome de Jesus, 58.
Ladainha Lauretana, 149.
Laudate Dóminum, 100.
Laudate Dóminum (partitura), 101.
Lei do jejum e abstinência, 241.
Lembrai-Vos, 158.
Litaniae Lauretanae, 154.
Magníficat, 159.
Maria, Mãe de graça, 158.
Meditação (antes e depois), 18.
Messias Salvador, 50.
Novíssimos, Os, 246.
Oferecimento de obras, 16.
Oferecimento de si mesmo, 123.
Oferecimento do dia, 16.
Oito Bem-Aventuranças, As, 244.

Oração à Imaculada Conceição, 157.
Oração a São Gabriel Arcanjo, 191.
Oração a São José, 124, 182.
Oração a São José para pedir a graça da boa morte, 182.
Oração a São José para Santificar o trabalho, 178.
Oração à São Miguel Arcanjo, 190.
Oração à São Rafael Arcanjo, 192.
Oração ao Espírito Santo, 94.
Oração ao Sagrado Coração de Jesus, 63.
Oração de agradecimento pela Confissão, 197.
Oração de Santo Ambrósio, 113.
Oração de Santo Tomás de Aquino, 115, 131.
Oração de Santo Tomás de Aquino para antes de começar a estudar, 208.
Oração de São Boaventura, 133.
Oração de São Francisco, 139.
Oração em honra do Santo cuja Missa se celebra, 119.
Oração pela Igreja, pelo Santo Padre e pela Pátria, 99.
Oração pela Unidade da Igreja, 206.
Oração pelos defuntos, 213.
Oração Universal, 135.
Orações a Deus Espírito Santo, 88.
Orações a Deus Filho, 48.
Orações a Deus Pai, 46.

Orações a Deus Uno e Trino, 25.
Orações básicas, 5.
Orações da manhã, 16.
Orações do Meio-Dia, 18.
Orações para antes da Missa, 113.
Orações para antes e depois da Missa, 113.
Orações para as diversas etapas do dia, 16.
Orações para várias necessidades, 203.
Outras orações, 212.
Pai Nosso, 5, 46.
Pange Língua, 96.
Pange Língua (partitura), 96.
Para os Sacerdotes, 119.
Pela Igreja, 203.
Pela Unidade dos Cristãos, 207.
Pelo Bispo da Diocese, 204.
Pelo Papa, 204.
Pelo Romano Pontífice, 203.
Pelos bem-feitores, 206.
Pelos fiéis defuntos, 210.
Pelos pais (defuntos), 212.
Pelos sacerdotes, 205.
Por todos os fiéis defuntos, 212.
Quatro pecados que brandam o Céu, 245.
Quatro Virtudes Cardeais, As, 242.
Que Vos seja agradável, Senhor, 141.
Quinze minutos em companhia de Jesus Sacramentado, 109.
Rainha do Céu, 20.
Regína Caeli, 20, 166.
Regína Caeli (partitura), 167.

Responso, 210.
Sacramento da Penitência, O, 195.
Sagrada Família, À, 125.
Sagrado banquete, Ó, 138.
Sagrado Coração de Jesus, 63.
Salmo 142 (143), 200.
Salmo 2, 51.
Salmo 50 (51), 197.
Salmos Penitenciais, 197.
Salutaris Hóstia, O, 108.
Salutaris Hóstia, O (partitura), 108.
Salve Rainha, 10, 173.
Salve Regína (partitura – popular), 175.
Salve Regína (partitura – solene), 173.
Sanctum Rosárium, 152.
Santa Cruz, 72.
Santíssima Virgem, À, 17, 117.
Santo Anjo do Senhor, 194.
Santo Rosário, 143.
São Gabriel Arcanjo, 191.
São José, A, 118.
São Miguel Arcanjo, 190.
São Rafael Arcanjo, 192.
Seis pecados contra o Espírito Santo, 245.
Senhor Jesus, que me conheça, 48.
Senhor santo, Pai onipotente, 46.
Sequência do Espírito Santo, 93.
Sete domingos de São José, 179.
Sete Dons do Espírito Santo, Os, 243.
Sete Obras de Misericórdia Corporais, 244.

Sete Obras de Misericórdia Espirituais, 243.
Sete pecados capitais e as virtudes opostas, Os, 245.
Sete Sacramentos, Os, 242.
Símbolo Atanasiano, 25.
Sinal da Cruz, 5.
Sub tuum praesídium (partitura), 172.
Sumário da Doutrina, 239.
Tantum Ergo, 97.
Tantum Ergo (partitura), 97.
Te Deum, 33.
Te Deum (partitura), 38.
Te Ioseph, 183.
Te Ioseph (partitura), 184.
Três principais gêneros de boas obras, Os, 246.
Três Virtudes Teologais, As, 242.
Triságio Angélico, 42.
Veni Creátor, 88.
Veni Creátor (partitura), 90.
Via Sacra, 73.
Vinde, Espírito Santo, 88.
Visita ao Santíssimo Sacramento, 95.
Vossa proteção, À, 172.

ÍNDICE

I. ORAÇÕES BÁSICAS	5
II. ORAÇÕES PARA AS DIVERSAS ETAPAS DO DIA	16
Orações da manhã	16
Orações do meio-dia	18
Exame de consciência à noite	22
III. ORAÇÕES A DEUS UNO E TRINO	25
IV. ORAÇÕES A DEUS PAI	46
V. ORAÇÕES A DEUS FILHO	48
Messias Salvador	50
Humanidade Santíssima	55
Sagrado Coração de Jesus	63
Santa Cruz	72
VI. ORAÇÕES A DEUS ESPÍRITO SANTO	88
VII. DEVOÇÕES EUCARÍSTICAS	95
VIII. ORAÇÕES PARA ANTES E DEPOIS DA SANTA MISSA	113
Orações para antes da Missa	113
Ação de graças após a Missa	121
IX. DEVOÇÃO A NOSSA SENHORA	143
Hinos e Antífonas de Nossa Senhora	161
X. DEVOÇÃO A SÃO JOSÉ	178
XI. DEVOÇÃO AOS SANTOS ANJOS	190
XII. O SACRAMENTO DA PENITÊNCIA	195
XIII. ORAÇÕES PARA VÁRIAS NECESSIDADES	203
XIV. PELOS FIÉIS DEFUNTOS	210
XV. SOBRE A LEITURA ESPIRITUAL	215
XVI. SOBRE A DIREÇÃO ESPIRITUAL	223
XVII. EXAME DE CONSCIÊNCIA PARA A CONFISSÃO	231
XVIII. SUMÁRIO DA DOUTRINA	239
BIBLIOGRAFIA	249
ÍNDICE DAS ORAÇÕES	251

A·M·D·G